KB210461

매혹, 골프라는

매혹, 골프라는

지 은 이·이종현
펴 낸 이·성상건
편집디자인·자연DPS

펴 낸 날·2021년 12월 1일
3쇄 펴 낸 날·2021년 12월 31일
펴 낸 곳·도서출판 나눔사
주   소·(우) 10270 경기도 고양시 덕양구 푸른마을로 15
         301동 1505호
전   화·02)359-3429   팩스 02)355-3429
등록번호·2-489호(1988년 2월 16일)
이 메 일·nanumsa@hanmail.net

ⓒ 이종현, 2021

ISBN 978-89-7027-951-0-03690

값 17,000원
잘못된 책은 바꾸어 드립니다.

매혹, 골프라는

이종현 지음

나눔사

매혹, 골프라는

아침에 일어나면 얼굴 솜털을 일으켜 세우는 초가을 바람에 내일은 필드에나 가야겠다는 생각만 했다. 코로나19로 내 자유와 영혼이 유린 당하고 있다는 생각에 싱그러운 자연에 나가 잔디밭을 걷고 싶다는 생 각만 했다. 그러던 시월 어느 오후에 시를 쓰는 아우에게 전화가 왔다. 2008년도에 냈던 '시가 있는 골프' 책 주문이 심심치 않게 들어온다면 서 나눔사 대표께서 개정판을 내자고 하신다는 것 이었다.

순간 잠들어 있던 뇌에 번개가 스치고 지나가는 느낌이었다. 자유가 지나쳐 방종, 유희가 심해져 방탕하지 않았나 하는 내 삶을 돌아보게 됐다. 도끼자루 썩는 줄 모르고 쉬고, 노는 것에만 집중한 것이다. 한 달 간 창작에 몰두했다. 시대가 바뀐 것이다. MZ세대들이 골프장에 몰려 오면서 골프감성과 인문학이 다시 관심을 받기 시작한 것이었다. 우리 기성세대 골퍼들은 '골프 잘 치는법', '스코어 향상시키는 법'에 관심이 많았다면 지금의 2030세대들은 패션, 사진, 자연풍경 등 감성골프에 더 관심이 많다.

이 젊은 골퍼들에게 기술서적이 아닌 감성을 듬뿍 적셔줄 골프 인문학 서적을 선물하고 싶었다. 따뜻하고 아름다운 감성이 묻어나는 골프 이야기를 들려주고 싶었다. 그래서 이번 '매혹, 골프라는'을 쓰게 된 것이다. 누구에겐 가에 촉촉함이 묻어나는 그런 행복한 책이 되었으면 한다. 아울러 이번 책을 쓰다 보니 저자의 골프관련 글을 짜깁기해서 낸 '짝퉁 골프 서적'이 베스트셀러가 된 것을 보았다. 그래서 진짜 인문학 책을 내고 싶어 밤새워가며 진짜 인문학 서적을 발간하게 되었다.

2021년 11월 ONEDAY.

물소리 같은 사람

최정호 부회장(용원.아라미르CC)

일생에 추천사는 처음 써 본다. 이종현 국장을 처음 만난 1995년부터 지금까지 저에겐 어느 한곳의 언론사 분이 아니었다. 골프와 시(詩)를 사랑하고 특히 사람을 소중히 여기는, 그냥 처음부터 아주 친한 형이었다. 1993년 용원CC 입사해서 27년의 세월동안 따뜻한 정과 많은 조언을 아끼지 않은 그런 형이다.

한 때 골프는 편견과 대중의 천대를 받았지만 그래도 끝까지 골프를 대중화 시키는데 견인차 역할을 해 줘 골프계의 한 사람으로 너무도 감사하다.

특히 이번 골프 에세이 출간은 골프가 대세인 시대에 많은 골퍼와 일반 독자를 위한 필독서가 되지 않을까 싶다. 골프장에서 좋은 성적도 좋지만 맑은 공기, 새소리, 물소리와 감성을 담아갈 수 있는 책이라 생각된다. 계속해서 형의 더 많은 골프 사랑과 글 그리고 소중한 만남을 이어가고 싶다.

아름다운 동행

장민호(가수)

먼저 출간을 축하드립니다. 이종현 국장님과는 제가 트로트 가수로 새로운 출발을 할 때부터 인연을 맺어 온 사이입니다. 이제 10년이 넘었으니 참 오래된 소중한 인연이라 생각합니다.

이 국장님은 오랫동안 언론 생활과 시인으로 활동을 해와 수많은 유명 스타들과의 친분이 깊습니다. 그럼에도 무명의 신인 가수인 저, 장민호를 존중해주고 만날 때마다 항상 격려를 아끼지 않으신 큰 형님이시자 저의 베스트 골프 동반자이기도 합니다. 또한 골프를 통해 살아가는 삶의 자세와 성찰도 일깨워 준 고마운 인연입니다. 시간이 날 때마다 함께 라운드하고 싶은 그런 분입니다.

골프와 자연 그리고 시와 음악을 누구보다 사랑하는 국장님의 골프 인생이 담긴 이번 책을 추천합니다. 저도 아름다운 골프코스 같은 이 책을 시간이 날 때마다 읽으려 합니다. 삶에 단비 같은 진정한 휴식이 되어줄 수 있는 내용입니다.

같이 가는 가치 있는 삶

허석호(프로)

이종현 국장과 골프로 인연을 맺은 지도 어언 30년이 되었다. 저의 골프 인생의 길잡이를 해주신 아주 각별한 분이시다. 10대 아마추어 시절부터 국내 프로활동, 일본투어 활동까지 가장 가까이서 함께 했기에 그 누구보다 더 잘 알고 있다.

이 국장은 진정한 골프의 깊이와 변천사를 경험하고 잘 알고 있기에 이번 책이 더욱 기대되는 바이다. 특히 요즘 골프가 대세이다 보니 골프를 새로 시작하는 2030 MZ세대에게는 프로 골프의 한 사람으로서 더욱 더 추천하고 싶은 책이다.

골프와 감성, 골프와 철학 그리고 골프의 진정한 내면을 볼 수 있는 골퍼의 필수 교양서가 아닐까 싶다. 모든 사람들 골퍼에게 '매혹, 골프라는' 책을 한 번쯤 권하고 싶은 따뜻한 커피와 같은 책이다.

아는만큼 깊어진다

이 특(슈퍼주니어)

108mm의 홀에 4cm 남짓한 하얀 공을 홀인 시키기 위한 골퍼의 노력은 눈물겹다.

때론 웃고, 탄식하고, 아쉬워하고 또 환호하는 것이 골프의 매력이다. 골프는 단순히 성적만 쫓는 것이 아닌 위기와 극복도 함께하는 것이 마치 인생과 닮아 있다.

이 국장님은 서원밸리그린콘서트와 골프를 통해서 알게 됐다. 필드에서도 함께 걸으며 진정한 골프의 향기를 나누기도 했다. 그는 언론인이자, 시인이다. 시인의 감성으로 그려내는 골프는 어떤 모습일지 그래서 이번 골프 신간이 더욱 기대가 된다. 골프를 잘 알면 재미있고, 골프를 모르는 분은 더 알아갈 수 있어 더 재미있을 것 같다.

18홀을 마치고 집으로 돌아와 이번 서적과 함께 독서 라운드를 떠나는 것은 어떨지. 이 국장님의 이번 신간 '매혹, 골프라는'신간을 추천 드린다.

추천사

쉼표와 물음표

이소영(KLPGA 프로)

아마추어 시절부터 프로로 활동하면서까지 정말 셀 수 없이 라운드를 해오고 있고 앞으로도 해야 한다. 내 인생이 골프로 시작해서 골프로 끝난다고 해도 과언이 아닐 것 같다. 18홀 내내 기회와 위기 또 그걸 극복하려는 골프가 "참! 인생과 닮았다"라는 말이 가슴에 와 닿는다. 매 순간, 순간 우승을 위해 리더 보드 성적만 바라보며 달려왔다. 가끔은 내 자신에게 쉼표를 주고 싶고 내가 잘 가고 있는가 하는 반문을 할 때도 있다.

이번 이 국장님의 신간 서적은 바로 우리 프로들에게도 잠시나마 쉼표와 원거리에서 골프를 생각하게 만들어 주는 좋은 기회인 것 같다. 또한 내 스스로 '골프가 무엇인지?'의 화두를 던져보고 그 답을 이 책을 통해서 찾고 싶다.

차 례

1부
골프와 여행은 거리의 차이일 뿐
떠나는 것은 마찬가지이다

2부
사람이 곧 길이니,
우리는 바다로 하늘로 대륙으로 떠나네

1 부
골프와 여행은 거리의 차이일 뿐
떠나는 것은 마찬가지이다

매혹, 골프라는

도대체 골프가 뭡니까?

많은 사람은 말한다.

"도대체 골프가 뭡니까?"

너무도 직설적이기에 답하기 쉬운 것 같으면서도 어려운 질문이다.

골프란 뭘까. 14개의 골프클럽으로 18홀을 돌면서 성적을 내는 것이 골프일까. 골퍼라면 누구나 한 번씩은 의문을 가졌을 것이다. 가끔은 형이상학적이고 버터처럼 니글거리는 추상적인 대답이기에 스스로 답을 내리지 않았을 수도 있다.

골프는 인생과 같다고? 아주 그럴듯하다. 그렇다면 인생과 골프는 어떻게 같은 것인가. 18홀 내내 기회와 위기 그것을 극복하려는 모습이 마치 인생 같다고 말한다. 누가 물어보면 편하게 대답하려고 만들어 놓은 모범 답안일 것이다. 골프장에 나가니 아름답다고 말한다. 너무도 추상적이다. 명확하지 않은 아름다움이다.

언어를 전공한 교수도 아니고 이런 문제에 대해 천착(穿鑿)하는 철학자는 더더욱 아니다. 하지만 골프가 무엇인지, 아름다움이 어떤 것인지를 나는 보았다. 골프장 새벽 코스에서 말이다. 새벽이슬을 맞아 촉촉하게 젖어 있는 노송의 자태가 은어처럼 눈부시다. 잔디 끝에 매달려 있는 이슬이 골퍼의 발소리에 놀라 땅으로 '낙사'한다. 밤새 버텨낸 힘으로 단풍나무 맨 끝 쪽에 새빨갛게 물든 나뭇잎을 보니 가슴속의 촉촉한 알갱이들이 느껴지는 듯하다. 그렇게 오랫동안 꼼짝도 하지 않은 채, 그 아름다운 결정체들을 지켜보았다. 아주 잠시 정지한 그 사이로, 새벽 공기를 가르며 나는 새소리가 명징하게 다가온다. 코스 주변 잔디밭엔 삶과 죽음의 흔적도 선명하다. 산 자가 취득한 새의 주검, 주변엔 뽑혀진 깃털과 핏빛이 완연하다. 살아남은 것들은 노래하고, 창공을 날고, 또 아름답게 숲 속을 흔들어 깨운다.

살아남은 것들의 전리품일까. 삶은 이렇게 이어지는 것일까. 골프장에서 문득 깨닫는다. 그리고 생각한다. 이 아름다운 새벽, 최고의 정신적인 오르가슴은 적멸(寂滅)의 경지일지도 모른다고 말이다. 낮과 밤이 수없이 절멸하며 생성해내는 기쁨과 슬픔의 알갱이들이 바로 자연이며 소중한 삶인 것이다.

매클라인이 말한 것처럼 만일 겨울이 없다면 산뜻한 봄날의 즐거움도 없을 것이다. 밤은 사멸하는 것이 아니라 내일 아침 건강한 것들을 흔들어 깨우기 위한 절멸일 뿐이다.

왜 골프가 인생과 닮았다고 하는지 조금은 알 것 같다. 한 홀을 지날 때마다 얻은 것들에 대한 만족과 불만족이 또한 자연과 같은 것이다. 다음 홀에서의 기대와 도전은 밤과 낮의 이치다.

그렇다면 골프란 무엇인가?

이제 조금은 알 것 같다. 한 홀, 한 홀을 도는 것. 그리고 다시 골프장을 찾아와 또 한 홀, 한 홀을 도는 것이다. 골프는 어차피 반복되고 자연도 어차피 반복된다.

"수천 번 스윙을 해도 단 한 번도 똑같은 스윙은 없다"는 말처럼 자연도 똑같은 것은 없다. 늘 새로움이다. 이 아름다운 새벽에 안개비 내리고, 새벽을 흔들어 깨우는 새들이 나는 골프장의 공간과 시간.

골프는 오로지 이 자연에서 느끼는 절멸의 오르가슴일 뿐이다.

강촌연가(江村戀歌)

손등을 스치는 바람에 놀라 가을인줄 알았습니다
강가의 나목(裸木) 쓸쓸해 보여
겨울임을 확인했습니다.
강둑에 오랫동안 그렇게 서서
몰려드는 안개에 이대로 몸을 맡깁니다.
기억하고 싶지 않아
안개에 묻어두고 국도로 나왔습니다.
아스팔트엔 이미 수많은 계절이 왔다가 가고
또 왔다가 갔습니다.
계절이 바뀌면 바뀔수록 생생하게 떠오르는 것들은
촉촉한 습기로 온몸을 적십니다.
국도를 따라 지나가는 차 안의 유익종 노래
"이밤 한마디 말없이 슬픔을 잊고저...."
유행가는 사람보다 진실하고 삶보다도 더 진지하기에
새벽 풍경에 와 풍경처럼 투명하게 흔들립니다.
이것을 보고 희미한 옛사랑이라고 하는 이도 있고

말못 할 그리움이라고 말하는 이도 있습니다.
북한강에서 한참동안 바라보는 강촌의 풍경, 노래
왜 가슴이 답답해 오는지를 알 것 같았습니다.
이것을 추억이라고 말하기엔 너무도 생생한 설레임 있기에
이것을 그리움이라고 말하기엔 너무도 밝은 눈빛 있기에
그리워하기, 아름다워 하기 아니면 딱 한번만 눈물 흘려주기
그 사이 강물은 표시도 없이 흘러가
반짝거리는 바다와 섞일 것입니다.
가능한 한 아프지 않게, 멍들지 않게
바다에 가 섞일 것입니다.
그래도 강변연가 지워지지 않을 땐
그 그리움 안으로 들어가기.

적연부동(寂然不動), 삶도 골프도 고요한 가운데 깨어 있어야

- 강릉 보헤미안 커피 명인 박이추 선생은 말한다.

12월 첫날 무작정 강릉으로 향했다.

갑자기 떠나려는 습성이 엄습해온다. 목적지에 도착하기도 전에 눈이 먼저 반긴다. 눈 내리는 오대산 진부령 고개를 찬찬히 조심스럽게 넘는다. 칠흑 같은 오대산 밤 국도를 달리자 어둠은 점점 깊은 침묵으로 공포처럼 스며든다. 그동안 강릉은 골프 라운드가 있어야만 갔다. 모처럼만에 경포대를 볼 설렘에, 강릉 보헤미안 커피를 맛을 볼 수 있다는 생각에 들뜨기 시작했다. 동해 바다와 커피는 너무도 잘 어울린다. 여기에 보헤미안과 박이추를 더하면 '로맨스 강릉'

매혹, 골프라는

이된다.

박이추 선생은 우리나라 드립커피의 살아 있는 전설이다. 박 선생의 드립커피를 좋아해 간혹 찾아뵙고 그윽한 향기와 바다를 섞어서 마시고 돌아오곤 했다. 박 선생으로 인해 강릉에선 매년 10월 커피축제가 열린다. 전국에서 100만 명이 다녀가는 커피 축제이다. 박이추 선생도 처음부터 유명하지는 않았다.

박이추 선생은 커피와 어느 노인과의 만남을 이야기 해주셨다.

처음 커피숍을 차렸을 때 하루에 10명 내외의 손님이 다녀갔다고 한다. 커피를 만들기 위해 긴장과 절박함 그리고 열정을 다해 드립을 했지만 나아지지 않았다. 그러던 어느날 등이 굽은 한 노인이 들어와 커피를 마시고는 "커피 값만큼의 가치가 없다"며 호통을 쳤다는 것이다.

노인께서 커피를 마신 후 메모지에 이런 글을 남기고 커피 값 대신이라면서 나갔다. 선생은 한참을 생각했고 또 그 의미를 되새겼다고 한다.

"寂然不動(적연부동) 美味求眞(미미구진)… 聖別肝要(성별간요)

혼돈 속에 고요함을 구하고, 고요한 가운데에서는 항상 깨어 있어야 한다. 맛의 아름다움을 진심으로 추구하라.

이것이 일생일대에 가장 중요한 사건이자 매우 중요한 교훈을 주었다고 한다. 이후 커피에 대한 자세가 바뀌었다. 좋은 커피를 만드는 마음가짐이 가장 중요함을 깨닫게 된것이다. 이후커피 향이 달라지고 맛도 좋아지자 손님들이 먼저 알게 되었다는 것이다.

그러고 보니 '적연부동'은 박세리 선수에게도 특별하다. 1998년 미국무대에 진출했을 때 계룡산에 위치한 '동월선원' 산사의 석암스님이 박세리 선수에게 이 글을 써줬다고 한다. 박세리는 적연부동을 생각하면서 "항상 고요한 마음을 유지하려고 했다"고 한다. 그런 결과 세계 최고의 골프 여제로 새롭게 태어날 수 있지 않았나 싶다.

박이추 선생, 박세리 선수 모두 그냥 간과했다면 지금의 커피명인, 세계적인 프로골퍼가 나오지 못했을 것이다. 비록 사소하고 아주 작은 것이지만 자기를 성찰하고 이것을 창의적 노력으로 이끌어 낼 수 있을 때 결과는 감동과 함께 배가 될 것이다.

무작정 떠난 12월의 강릉여행이 깊은 울림과 깨달음을 준다.

"아주 작은 것을 헛되이 생각하지 않으며 모든 일을 할 때 진심을 담아야 한다"는 생각을 되뇌고 또 되뇌었다. 살아가는 삶도 그렇고, 골프를 대하는 우리의 자세도 늘 깨어 있어야 할 것이다. 적연부동 (寂然不動)처럼.

산(山)

山넘어 山이 있다.

山뒤에 또 山이 있다.

깊은 山속에 또 깊은 山이 있다.

그 깊은 山속에 사람이 산다.

山.

사람.

참 깊다.

매혹, 골프라는

골프장에 2030 MZ '스트리밍 세대'가
몰려오는 이유는?

요즘 골프장에 기현상이 일고 있다. 예년과 달리 12월 초까지 대부분 골프장이 풀부킹이다. 보통 11월 하순으로 가면서, 12월엔 내장객 발길이 뜸해진다. 그런데 지금 국내 골프장엔 골퍼들로 문전성시를 이룬다. 코로나19 영향도 있겠지만 이는 분명 또 다른 이유가 있을 것이다. 전문가들은 날씨가 따뜻하고 코로나19 영향으로 그 욕구가 골프장으로 몰린다고 했다.

틀린 이야기는 아니다. 그렇다고 맞는 이야기도 아니다. 단순히 날씨와 사회·정치적 현상이 지금 국내 골프장으로 젊은 골퍼와 일반 골퍼를 유입시키고 있을까. 아니라는 말부터 하고 싶다. 앞으로는 12월까지 골퍼들이 몰려올 확률이 높다. 그 이유는 여기에 있다. 소유의 세대가 아닌 접속, 즉 스트리밍 즉 MZ 세대가 골프를 치고 있기 때문이다.

'소공녀'라는 영화가 있다. 치열하고 각박한 현실, 신분 상승이 어려운 현세에서 주인공은 소유한 집은 없어도 생각과 취향을 강조한다. 멋진 유럽 여행은 아니지만 지금 여행하고 있으며, 집과 차는 없지만 빚 없이 사는 것에 행복해 한다. 기성세대 시각으로 보면 답답하고 목표가 없다. 우리는 적어도 그 나이에 목적의식 없이 살지 않았다고 말할 것이다.

매직아이, 착시현상이다. 세상은 바뀌었다. 매일 국경을 넘나들며 밀수하는 오토바이 뒤에 큰 가방을 달고 다니면 경비대원은 가방 속의 물건에만 몰두한다.

골프장에 12월까지 예약이 꽉 차고 주중에 여성과 20~30대 골퍼가 절반에 가까운 이유를 소유가 아닌 접속, 스트리밍에서 찾아야 한다. 지금의 20~30대는 집을 추구하지 않는다. 내가 벌어서 종족을 유지하는 데 돈과 노력을 기울이지 않는다. 살아가고 있는 나에게 투자하고 행복권을 주고 싶어 한다. 그래서 생겨난 용어가 '스몰 럭셔리 족'이다. 집을 구하기보다 자신을 위해 작은 사치를 부리겠다는 것이다.

그중 하나가 바로 골프다. 골프장엔 나를 드러낼 수 있는 패션이 있고, 나를 알릴 수 있는 골프 클럽과 스코어가 있다. 5시간 동안 관계가 형성되는 젊은 사람끼리, 실시간으로 SNS에 올리면 수많은 사람이 "좋아요"로 화답해준다.

일상적인 카페나 야외 장소는 이제 식상하다. 골프장엔 패션쇼를 방불케 하는 패션이 있고 음식이 있고 다이내믹한 스포츠가 있다.

영상을 저장해 올리고 이를 확인하면서 관계를 형성하고 있다. 골프장에서 라운드 보다는 사진 찍기를 좋아하고 9홀 돌 때마다 옷을 갈아입고 사진을 찍는다고 한다. 골프장을 2번 왔다간 효과이다.

미국의 소설가 아나이스 닌은 "우리는 사물을 있는 그대로 보지 않고 자기 상황에 따라 달리 본다"고 말했다. 단순히 보이는 현상학적인 것에서 흐름을 파악하지 말고 접속, 즉 스트리밍MZ 세대에서 찾아야 한다.

젊은 층의 욕구와 심리, 그리고 추구하는 것이 무엇인지를 우린 깨달아야 한다.

매혹, 골프라는

"사는 게 그런 거지"

- 장민호가 골프를 좋아하는 이유

"어제 바쁘신 가운데 직접 찾아와 주시고 경청해 주셔서 너무도 감사 합니다"

그의 생애 첫 콘서트 첫 공연을 관람하러 올림픽 공원 올림픽 홀로 향했다. 공연이 시작되기 전 잠깐 장민호를 만나러 대기실을 들렀다. 만감이 교차해오는 순간이다.

"이런 날이 오네요!"라고 장민호가 말한다. "진짜 이런 날이 오네 너무 좋다"라고 답했다.

사실 대기실로 걸어가는 내내 눈물이 날 것 같았다. 트롯 가수로 전향해 숱한 무명 설움을 겪었기에 더 그랬다. 스스로 '트롯계의 BTS'를 외칠 만큼 유명해 지고 싶었을 것이다. 그런데 공연장 입구에 잘해야 10살 쯤 되었을 꼬마아이가 콘서트 걸개에 걸린 장민호 얼굴을 보고 "장민호다"라며 소리쳤다. 이젠 아이들까지도 장민호를 안다. 그리고 4천석이 넘는 공연장에서 그것도 3일간 공연을 한다고 하니 가슴이 벅차올랐다. 공연 내내 그도 믿겨지지 않는 듯 했고 관객들은 일거수일투족을 놓치지 않고 장민호를 눈에 담으려 했다. 벅차오름이 이런거구나 하고 느꼈다. 2시간 30분간의 공연으로 힘들 법 한데 집으로 돌아가 감사 문자까지 보내는 장민호가 안 예쁠 수가 있을까. 기저에 깔린 착함과 따뜻한 인성이 사실 지금의 장민호를 만들었다. 무명의 설움도 겪어 봤고, 아파도 봤고, 절망도 해 봤고, 힘들어도 봤기에 포용하고 배려하고 그리고 사랑하려고 했을 것이다.

장민호를 처음 만난 것은 10년 전 마포 한 커피숍에서다. 유비스라는 아이돌 그룹에서 활동했던 친구가 느닷없이 트롯을 할 것이라는 말에 조금은 당황했다. 그 당시만 해도 트롯 이미지하고는 전혀 어울리지 않는 젊고, 준수한 신사 이미지가 너무 강했다. 그나마 장윤정 정도만 트롯 이미지에서 벗어나 성공한 가수이기에 사실 걱정도 없지 않았다.

하지만 장민호에 대한 걱정은 그와 골프를 하면서 사라졌다. 골프는 그 사람의 거울과 같다. 아무리 숨기려 하지만 모든 것이 반사되기 마련이다. 장민호는 골프에 대한 열정도 있지만 상대 골퍼에 대한 배려도 깊었다. 스코어만 내려고 욕심내고 집중하는 것이 아니라 함께 교감하고 농담도 던지는 해학도 있다. 그의 진솔함과 따뜻함 그리고 배려하는 골프 스타일이 좋았다. 그 당시만 해도 장민호를 알아보는 분들은 정말 빙산의 일각이었다. 오히려 골프를 즐기기에는 더 편했는지 모른다. 스타가 되고 나서 함께 라운드를 나가보면 주변 시선과 반응으로 인해 사실 편안한 라운드는 어렵다. 얼굴을 꽁꽁 싸매고 라운드를 하고 와도 그 골프장에 '장민호'가 다녀갔다는 말이 금방 퍼진다.

"국장님, 항상 1번 홀 티샷 할 때의 마음가짐을 잊지 않겠습니다!"

라운드 하면서 절대 초심을 잃지 않겠다고 말한다. 누구에겐가 관심을 받기 시작하면 없던 말도 생기기 마련이다. 옆으로 본건데 째려봤다고 할 것이고, 방송중이어서 전화를 못 받은 것인데 건방져졌다고 말할 것이다. 그것을 너무도 잘 알기에 장민호는 1번 홀 팅그라운드에서의 첫 샷 그 마음가짐을 잃어버리지 않겠다는 것이다.

그래서 골프가 좋다고 장민호는 말한다. 골프는 어려움과 극복을 동시에 가져다주고 겸손과 희망을 동시에 배울 수 있어서 좋다고 말한다. 또한 바삐 사느라 꽃피는 것, 새 우는 것, 파란 하늘 쳐다 볼 시간이 없는데 그나마 골프장에 오면 위로가 된다는 것이다. 장민호는 골프를 통해 절대 삶에 있어 허투루 대하거나 건성으로 살지 않겠다며 골프 예찬론을 펼친다.

또한 많은 골퍼들이 장민호가 출연한 골프 예능을 통해서 참 매력 있는 친구라는 평가를 많이 한다. 골퍼 중에 가장 함께 라운드하고 싶은 사람은 유머 감각과 좋은 매너이다. 그런데 방송을 통해 좋은 매너와 유머러스함에 반했다는 분들이 많다.

드라이버 거리는 240m를 넘나들며 아이언샷이 일품이며 퍼트 역시 안정적이다. 센추리21CC 파5에서 투온이 된 후 25미터의 퍼트를 성공시켜 첫 이글을 작성했을 당시 소름이 돋기도 했다. 장민호의 첫 라운드를 함께 했고 지금까지 가장 많이 함께 라운드를 한 연예인 골퍼 중의 한명이다. 장민호와 골프를 하면서 느낀 것은 불편하지 않고 내일 당장 골프를 친다면 제일 먼저 전화 걸어 함께 걷자고 제안할 것이다.

"민호가 심성이 따듯해요. 무명시절에도 3, 4시간 걸리는 지방에 다녀오면서도 그 늦은 시간새벽에 지방에서 받은 농산물을 집 앞에 놓고 가요"

"사실 회사가 어려워서 공금을 써야 할 때도, 개인 신용 카드를 쓸 만큼 배려심이 대단합니다."

김태훈 대표는 소속사 가수 이전에 그냥 가족이고 형제 같은 존재라고 말한다.

케네스 힐데브란트는 "보통의 능력을 지닌 사람이 탁월한 신체적 장점과 지적 재능을 지닌 사람보다 더 자주 성공 한다"고 했다. 현재 자신에게 주어진 것들만으로 더 열심히 하기 때문이다.

이것저것 사업제안도 많이 들어오지만 장민호는 가족과 친척을 끌어들이는 것만큼 생명도 짧아진다면서 오로지 트롯가수, 방송의 길만 가겠다고 한다.

드라이버를 잘 쳤다고 해서 자만하지 않으며, 퍼트는 머리를 숙여야 하듯이 겸손과 배려가 배어있다.

우정힐스에서 함께 라운드를 하다가 버디 퍼트를 놓치자 자신의 히트곡 "사는게 그런거지 / 맘대로 되지 않아 / 어떤 날은 버디 했다가 / 어떤 날은 보기 하는 거지/ 사는 게 그런 거지 / 쉬운 게 하나 없어 / 세상살이란 게 그런 거더라"며 호탕하게 웃었다.

　미스터트롯이 장민호를 스타대열에 올려놨다면 골프는 장민호를, 겸손과 사람의 소중한 가치와 함께 가야한다는 것을 알려 주었다.

천년지애(千年之愛)

몇 마리의 철새가 나무 위를 떠났다.

문득 그립다.

떠난 자리 강을 배경으로 흔들리는 시간의 잔상들

그렇게 주욱 강북 강변을 달려가고 있을 때

미련이 남은 철새가 다시 나무 위로 와 앉았다.

문득 그립다

다시 네게로 갈 수 있을까?

나 네게 돌아가기 위해 네 생각 속으로 들어간다.

아무도 없다, 묻어있는 허전을 쓸어내리며

그냥 웃는다.

마지막 색깔까지 풀어내며 번져 오는 노을

발갛게 쌔발갛게 내 눈에까지 발갛게 번지는

아! 그걸 보고 난....

하지만 그걸 말하고 싶지 않았다.

내 안의 네가 깨질지 몰라서

어둠이 몰려오고 있다.
저 어둠속에서도 널 생각 할 수 있을까?
백 년 이후, 천 년 이후
사랑이란 이름으로.

매혹, 골프라는

농부의 '오기 전' 철학에서 배우자

늘 바쁘다는 핑계로 '갈망'은 항상 사치라 생각했다. 자유를 추구한다는 것은 정신상태가 글러먹은 것이라고도 생각했다. 해서 갈망과 자유를 애써 외면하려고 노력했다.

뉴질랜드에 유학 간 딸을 만나기 위해 애써 갈망과 자유를 합리화시켜 가면서 비행기에 올랐다. 아이에게 가기 전 중간 기착지인 피지를 들렀다. 말하자면 불시착인 셈이다. 뉴질랜드까지함께 여행하는 분들과 합류했다. 피지의 아름다운 자연풍경을 구경하고 이들이 사는 민가를 방문했다. 그러던 중에 머리가 희끗한 노부부가 대화를 건네 왔다.

"우리 같은 농부는 말이죠. 살아가면서 가장 중요하게 생각하는 것이 무엇인지 아세요?"

"잘 모르겠습니다. 경험한 것이 없어서요"

"오기 전 입니다."

"오기 전?"

처음엔 무슨 말인지 몰라 의아해하자 노부부는 한 번 씩 웃으신다. 겨울이 오기 전에 추수를 끝내야 하고, 여름이 오기 전에 씨를 뿌리고 모내기를 해야 한다면서 '오기 전' 철학을 쏟아낸다. 그래서 농부는 항상 미리미리 준비한다면서 내일 씨를 뿌린다는 것은 의미가 없다고 말씀하신다. 그러고 보니 우리 농부들만큼 자연을 거스르지 않고 항상 미리 준비하는 분들도 없구나 하고 생각했다.

그리고 반성해 본다. 우리 골퍼들은 그토록 아름다운 자연을 자주 대하면서 농부의 '오기 전' 마음을 생각해 본 적이 있는지 말이다. 농부들만큼 골프장에 가기 전에 얼마만큼 철저하게 준비를 했는지 반문해 본다.

유명골퍼 진 사라센은 "골프에서 방심이 생기는 가장 위험한 시간은 만사가 순조롭게 진행될 때"라고 했다. 고사성어로는 거안사위(居安思危)와 맞닿아 있다.

농부가 말씀하신 '오기 전'과도 닮아 있다. 편안할 때 위기를 생각하라는 뜻이다. 다시 말해 미리 준비해야 한다는 것이다. 우린 흔히 골프에서 가장 잘 맞은 다음의 스윙을 조심하라고 말한다.

그렇다. 어쩌면 우린 순간의 달콤함으로 인해 바로 닥칠 쓴맛은 잊고 사는지도 모른다.

영국의 생물학자 찰스 다윈은 "결국 살아남는 종은 뛰어난 지적

능력과 강인함이 아닌 변화에 가장 잘 대응하는 종"이라고 했다. 변화란 미리 준비하는 것이다. 우자(愚者)는 왜 빨리 변화하느냐고 하고 현자(賢者)는 빨리 변화하라고 한다.

살아가면서 혹은 골프장에 갈 때마다 이 노부부의 '오기 전' 삶의 철학을 한 번씩 생각하기로 했다. 삶의 변화가 없다면 우리의 인생은 이미 녹슨 것이니까. 또한 준비하지 않으면 이미 늦을 수 있기 때문이다. 그 어떤 것이 '오기 전'에 말이다.

가을 愛

계절 내내 버텨내던 무게를 내려놓습니다.
떨어지는 것들이 어깨에 와 닿을 때
바라본 가을 하늘은
아주 선명한 자국으로 할퀴어져 있습니다.

뜨거웠던 여름의 끝, 지는 나뭇잎은
색도, 무게도, 삶도 각기 달랐습니다.
툭툭 불거진 힘줄로 겨우 이겨 낸 여름은
이제 마른 잎, 몇 가닥에 남은 혈관 속에서
겨우 숨을 쉴 뿐입니다.

"고단했지만 선명한 삶이었다."
그 말 다 끝내지 못하고, 몇 가닥 호흡, 찍어 내리며
일제히 땅으로 내려앉습니다.

하지만 이별은 늘 익숙하지 못해
한참 동안 서성거리며 바스락 거려봅니다.

내가 죽어야 또 내가 살 수 있기에
또 한 줄의 나이테 하나 끌어안으며.

무엇을 채우러 왔나? 비우고 가시게

지난 겨울 참 많이 아팠다. 몸도 아팠지만 마음은 두세 배 더 아팠다. 의사는 말한다.

"가장 미련한 것이 사람이야. 자기 몸 망가지고 있는 줄도 모르고 계속 꿈만 좇지. 죽으면 뭔 소용이야."

그러고는 마치 철학자 처럼 한마디 툭 던진다. 골프를 좋아하는 것 같은데 남 눈치 보지 말고 열심히 하라신다. 내 건강과 정신적 위안을 위해서 좋은 것을 해야지 참는 것은 병이 된다면서.

돈과 명예보다도 자기인식, 자존감이 더 중요하다고 강조한다. 그래서 용기를 내 골프장으로 갔다. 몇 홀 라운드를 하고 있는데 머릿속에서 일과 걱정거리가 떠나지를 않는다. 그런데 귀에 스치는 산들바람과 새소리에 온갖 걱정거리를 잊었다. 그때야 알았다. 우리가 찾고 있는 행복이 그리 멀리 있는 것이, 그리 대단한 것이 아니라는 것을.

멀리서 바라보는 자연은 그냥 풍경이다. 하지만 그 자연 안에 들어가 바라보면 참으로 위대하다. 숲에는 동물들이 자연에 순응하면서 살고, 코스에는 온갖 꽃과 식물이 언 땅을 헤집고 올라오고 있다. 인간은 자연 앞에서 한없이 미약한 존재라는 것을 골프장 라운드를 하면서 다시 한 번 깨닫는다. 자연 속에서 우리가 채우고 싶은 욕망 때문에 서로에게 생채기를 내는 것이 얼마나 어리석은 일인지 반성해 본다.

서원밸리 골프장에 가면 와이너리 이재술 씨가 화제다. 멋과 낭만을 아는 손님에게 식사 때 와인과 음악을 선사 한다. 얼마 전에는 환갑을 넘긴 여성 골퍼 분께 추억의 음악을 들려주자 펑펑 우시더란다. 그 눈물은 슬픔이 아닌 기쁨, 힐링의 증거였던 것이다. 야외전축에 김인순의 '여고시절' LP판을 틀었더니 감격에 겨워 우시더란다. 그러고는 오늘만큼 행복했던 라운드는 없었다며 마음까지 행복해져 돌아간다며 감사함을 표했다고 한다.

그렇다. 골프장에 뭘 가지려고, 뭘 보여주려고 오시나. 돈을 따고, 좋은 성적을 내야만 행복한 것은 아니다. 머릿속의 복잡하고 힘든 것들 자연 속에 와서 다 비우고, 와인 한 잔과 음악 한 곡, 커피 한 잔에 치유되는 게 행복이고 건강이다.

요즘 신조어 중에 스테이케이션(stay+vacation)족이 있다. 머무르면서 아주 천천히 자연을 즐기고 나의 자존감을 찾자는 것이다. 골프장만큼 스테이케이션 할 만한 곳이 있을까. 1박을 하면서 천천히 라운드하고, 밤에는 골프텔 창문을 열고 코끝을 파고드는 소나무 향기를 맡으면서 좋아하는 노래와 와인, 차 한 잔을 음미하는 게 행복이다.

전라도에 있는 어느 절에서 본 글귀가 생각난다.

"뭘 채우러 오셨나. 다 비우고 가시게."

진정한 삶의 행복을 위해 이제는 채우는 것보다 비우는 것에 더 익숙해지려 한다.

골프장에 가면 더더욱 나를 비우겠다. 가져가는 것은 나의 자존감과 상대에 대한 배려면 족하다. 골프는 걸을 수 있고 볼을 보낼 수 있으면 된다.

매혹, 골프라는

같은 방향으로 함께 가는 골프는 '아름다운 동행'이다

- 골프는 스포츠의 나의 에스페란토.

세상은 서로 반대되는 것들로 가득하다.

우리의 생각도, 사상도, 스포츠도 그리고 자연도 마찬가지이다. 행복 뒤에는 슬픔이 있고, 햇빛이 있으면 반드시 어둠이 있다. 삶과 죽음은 늘 같은 시공간에서 되풀이된다. 여당이 있으면 반드시 야당이 있고 좋은 게 있으면 나쁜 게 있기 마련이다. 사랑이 있으면 이별이 있듯이 말이다. 모든 게 적당하면 견제와 조율을 통해 아름다울 수 있지만 지나치면 고통이 되고 비애가 된다.

그래서 우린 동행이란 단어를 좋아한다. 축구, 야구, 농구, 배구 등 대부분의 스포츠는 서로 맞싸워서 승패를 갈라야만 끝이 난다. 서로를 쓰러뜨려야 하고, 상대를 다양한 기술로 속여야만 이기는 게임이다.

하지만 골프만큼은 다르다. 절대 맞싸우지 않아도 되며 상대방을 애써 속이려 하지 않아도 된다. 서로 같은 방향을 향해 가슴을 내밀

53

고 가면서 등을 보여도 되는 운동이다. 함께 걸어갈 수 있는 참 아름다운 스포츠이다. 함께 걸어갈 때는 서로의 안부도, 건강도 물으며 위로하고 격려해 주기도 한다.

한 방향으로 걸어가면서 승부를 내거나 즐기는 스포츠가 과연 얼마나 될까. 서로에게 등을 내보이는 건 곧 지는 것이다. 전쟁터에서는 죽음을 의미한다. 골프만큼은 서로에게 등을 보이기도 하며 같은 목적지를 향해 함께 걸어가는 유일한 스포츠이다.

프로골퍼로 활동했던 로드 브라바즌 오브타라는 "골프는 스포츠의 에스페란토이다"라고 했다. '에스페란토'란 '희망하는 사람'이란 뜻이다. 이 언어의 창시자 자멘호프(폴란드 의사)는 타 민족 간의 불화를 해결하고자 하는 마음을 담아 의사소통이 가능한 공통어로 만든 것이다.

지금 우린 '좋거나 나쁘거나, 같거나 다르거나, 내편이거나 딴 편이거나…'하는 정치적·사회적·이념적 흑백논리에서 빠져 나오지 못하고 있다. 그래서인지 스포츠도, 삶도 모두 흑백의 해저드에 빠져 허우적거리고 있다. 에스페란토의 의미처럼 골프는 의사소통이 가능한 스포츠이다. 앞으로 함께 걸으면서 칭찬도 하고 가끔은 걱정도 들어주며 위로한다.

골프는 모두가 희망하는 에스페란토이다. 더 이상 미워하지 말고, 더 이상 흑백논리에 빠지지 말고 함께 같은 방향을 향해 동행하기를 꿈꿔본다. 손 내밀어 함께 맞잡고 걸어갈 수 있는 골프, 무엇을 더 이상 바라려 하는가. 함께 걸으면 그만이지.

중심

한국을 떠나
날아오를 때는
비행기 모니터 지구본
남서쪽 끝에
부루나이가 있었다.

부루나이를 떠나
날아오를 때는
비행기 모니터 지구본
동북쪽 끝에
한국이 있었다.

중심은
바뀌는 거다.

골프장 · 그늘집 · 커피 한 잔 그리고 그리움

- 그리움? 기껏해야 롱잉(longing) 불어, 독어, 일어에도 없다.

바쁘게 달려 온 지난 세월은 모두 '그리움'이다. 그리움은 지난 일들을 다시 생각하게 한다. 당장 달려가고 싶음이다. 아니 애가 타도록 돌아보고 또 돌아보는 것이다. 시간이 흘렀다는 것만큼 재촉하는 것은 없다. 아직 다 채우지 못했다는 마음이다. 길을 가다가도 문득 그리워진다. 휙 스쳐가는 바람 한 점에서 그리운 냄새를 발견한다. 눈 내리는 거리에서 들려오는 추억의 멜로디가 가던 길을 멈추게 한다. 짙은 그리움을 앓게 한다. 상처투성이의 그리움일수록, 못 채워진 그리움일수록 그 간절함은 더하다.

'그리움' 그 그리움이란 말보다 더 아름답게 표현할 수 있는 한글은 없다. 영어로도 없다. 기껏해야 롱잉(longing)이다. 불어도 독어도, 스페인, 일본, 중국에도 없다.

그저 갈망 정도의 느낌은 그리움이 아니다. 그리움 속엔 사랑도 있고 이별도있고, 살짝의 절망도 있고, 후회도 있고 세월도 녹아들어 있다.

눈 녹고 파란 새싹 돋아 꽃 피는 골프장을 찾았던 지난해 봄의 기억도 이제 그리움이다. 싱그러운 신록의 숲 사이에서 하얗게 웃으며 파란 잔디를 밟던 기억도 그리움이다. '만산홍엽(滿山紅葉)' 늦가을 골프장을 걷던 풍경도, 첫눈 맞으면서 그늘집에 들러 마시던 커피 한잔의 향기도 이제는 아련한 그리움이다.

다시 올 수 없기에 그리움이다. 되돌릴 수 없기에 더 진한 그리움이다. 그 시간과 그 기억 지금 여기 없기에 더더욱 그리움이다. 나이 든 사람일수록 그리움 앓이는 더 깊다.

다시 돌아갈 수 없어 그리움은 더 선명해진다. 그리고 생각해 본다. 내일은 또 어떤 그리움이 서성거릴지, 또 어떤 그리움에 걸려 아파할지, 추억할지, 행복해 할지 그리고 그리워할지….

그 뜨거운 검은 커피 물속에서 녹아드는 하얀 프림처럼 내 그리움도 함께 녹아들수 있을까. 깊고 어두운 커피 안에서 소용돌이치는 그리움을 한참 동안 바라본다. 이내 향기로 그 그리움의 깊이를 가늠한다.

이슥해 오는 깊은 밤에 대문의 빗장을 친다. 이제 그리움도 닫아야 하는 시간이다. 내일이면 또 누군가가, 무언가가 그리워질 것이다. 그리움은 닫아도 신기하게도 다시 문을 열고 들어온다.

내일 아침 따사로운 햇살 앞에서 마시는 원두 커피 향처럼 그리움은 또 가슴에 와 '똑똑!'하고 노크를 할 것이다.

매혹, 골프라는

앙코르와트의 일몰

- 앙코르와트에서 가장 높은 63m의 프놈바켓에서

돌. 물 . 나무 사이로 날아가
새들의 일정한 비행 속으로
미국이, 프랑스가, 인도가, 한국이
하나가 된다.

조금씩 내려앉는 노을 속에서 각기 다른 언어들이
발갛게 녹아 쇳물처럼 붉어진다.

옛날 신들이 보았다는 앙코르와트 일몰
63m인 이곳에서, 하늘과 가장 가깝다는
이곳에서
한국말, 미국말, 중국말, 스페인 말들이
신이 되어서, 기도가 되어서
모두가 하나가 되어서 쇳물이 되어서
뜨겁다.

모두가 하나 되어 탄성이다.
모두가 가슴 한가운데로 내려가는
해를 본다.

한국처럼 직각으로 내리쬐는 햇살이 아니어도
처얼썩 뒤집히고 일어서는 파도가 아니어도
신이 잠들어 있는 이곳
앙코르와트의 태양은 낯선 나라들의 모국어를
허용하고 빨갛게 녹여
하나의 말로 만든다.

중국인이, 일본인이, 한국인이, 유러피언이
저마다 떨어지는 해를 가슴에 품으며
고요가 된다.

신이 내려 간 곳에 다시 새들이 날아오른다.
저녁이 묻어 점점 보이지 않는 새를 뒤로하며
프놈바켓(산언덕)을 내려온다.

가슴 아래로 발간햇살 떨어지는 순간
지뢰에 다리가 잘린 상이용사, 이곳 신들이 연주를 한다.
1달러만큼의 부활을 기다리며
한국인이 지나가면 아리랑을 연주한다.

아리랑에 감사하며 내놓은 1달러에
신들의 눈빛이 더 반짝인다.
1달러의 가치로, 그 힘으로

앙코르와트의 프놈바켓엔
아직도 새가 날아오르고
뜨거운 열기로 세상의 언어를
하나로 녹이고 있다.

커피 한 잔이 불러오는 골프 변화의 효과....
그리고 여운(餘韻)

미국 골프다이제스트는 "커피와 골프 관련 실험 결과, 골프 라운드 전 커피 한 잔은 에너지 향상과 자신감을 증가 시킨다"고 글을 실은 적이 있다.

세 명의 골퍼 A, B, C(핸디캡 4, 6, 20)가 커피를 마시지 않았을 때와 에스프레소 2샷, 4샷, 6샷을 마신 후 드라이버샷 거리와 아이언샷 정확성, 짧은 퍼트 성공률을 테스트했다. 이 결과에 대해 아라 수피아 박사는 "라운드 전 커피 한 잔은 에너지를 올려주고 느낌과 자신감을 향상 시킨다"고 설명했다. 그는 "카페인에 있는 테오브로민은 혈관을 넓혀 산소를 증가시키며 테오필린은 기도를 열어 산소 소비를 늘려준다"고 덧붙였다.

아마도 한국처럼 커피를 좋아하는 나라도 드물 것이다. 미국, 노르웨이, 핀란드, 룩셈부르크와 비교해도 뒤지지 않는다. 국내 커피시장 규모는 11조 원에 달하며 국민 전체가 1년간 265억 잔, 1인당 512잔을 마신다.

국내 골프장 한 곳에서 하루 평균 150잔 정도가 팔린다. 이를 550개 골프장으로 계산하면 9만잔, 무려 7억여 원의 커피가 팔린다. 특히 쌀쌀한 날씨엔 '호호' 불어가면서 필드에서 마시는 커피만큼 위로가 되는 것이 없다. 여기에 놀라운 집중력과 비거리까지 늘려준다는 실험 결과가 나왔으니 커피 애호가들은 쾌재를 부를 것이다.

　만화가 허영만 화백은 "한 잔의 커피로 완벽해지는 순간이 있고, 그 커피에는 위로가 녹아 있다"고 극찬했다. 그는 또 "한 잔의 커피에 담긴 위로의 양은 평등하지만 그걸 마시는 사람들의 상처는 절대 똑같지 않다"고 밝혔다. 우리나라 커피 3대 바리스타 박이추 선생은 "난 언제나 향이 좋은 커피를 마시는 걸 잊지 않는다"고 입버릇처럼 말한다. 음악의 거장 바흐는 커피를 사랑해 '커피 칸타타'라는 작품도 남겼다. 그는 1000번의 키스보다 커피가 더 좋다고 역설했다. 베토벤은 항상 커피콩 60알을 사용해 커피를 마셨고, 손님이 와도 60알씩을 세어 드립커피를 만들었다.

　단순히 커피만 마시는 것이 아니라 문화적 우월감과 우아함을 입혀 자신에게 딱 맞는 향기를 마신 것이다.

　알싸한 찬바람과 깔끔한 겨울 골프장에서 마시는 커피 향과 맛은 그 어떤 공간에서 마시는 것보다도 더 진하고 향기롭다. 골프 플레이에 집중력과 비거리 효과도 있다고 하니 골프장에서의 커피를 마다할 이유가 없다.

　올해는 골프장에 가면 맹목적, 습관적으로 커피를 마시는 것이 아니라 그 안의 문화와 철학과 깊이를 음미하며 마셨으면 한다.

살랑살랑 부는 바람을 타고 오는 커피 향을 음미하면서 아름다운
음악 선율과 함께.

매혹, 골프라는

싱그러운 자연, 설렘, 소통, 나눔, 건강…
골프를 해야 할 이유

미국의 인터넷사이트 골프닷컴은 '골프를 지금 당장 시작해야 할 59가지 이유'를 밝혀 눈길을 끌었다. 골프닷컴은 각종 기술 발전으로 골프 치기가 쉬워지고 비용도 예전에 비해 적게 든다며 지금 당장 골프를 해야 할 이유를 들었다. 또 각종 측정기를 이용할 수 있어 빨리 배울 수 있으며 올림픽에 정식 종목으로 채택된 것 등의 59가지 이유를 말했다.

그 어느 나라보다도 골프에 대한 열정이 뜨거운 한국에서 지금 당장 골프를 해야 하는 이유 10가지를 나름대로 정리해 봤다.

첫 번째가 '싱그러운 자연'을 만나게 해 준다. 현대 생활에 지친 사람들이 위로받는 곳은 고작 집 안에 있는 소파 정도에 불과하다. 맑은 공기와 자연에서 나를 치유해주는 것이 골프이다.

두 번째는 '목표와 꿈'이 생긴다. 스코어를 줄이고 싶은 것은 인간의 공통된 욕망이다. 이로 인해 부단한 노력과 연습을 통해 꿈을 이

루려고 한다.

세 번째는 '치매와 암 예방' 등의 건강을 관리해준다. 골프만큼 정신건강에 좋은 운동은 없다. 여기에 숫자와 계속되는 전략이 필요하기 때문에 치매를 예방하는 데 최고의 스포츠다. 산소량이 풍부해 암 예방에도 좋다.

네 번째는 보다 더 깊은 '관계'를 형성해주며, '소통'을 통해 공감할 수 있도록 해준다. 골프를 치고 나면 관계가 더 돈독해진다. 진실한 깊은 대화를 통해 함께 소통하며 공감대가 형성되어 가족 그 이상의 관계로 발전한다.

다섯 번째는 '가족이 함께 할 수 있는 스포츠'다. 나이와 근력, 그리고 세대차이로 인해 함께 할 수 있는 운동이 드물다. 하지만 골프만큼은 3대가 함께 할 수 있다.

여섯 번째로 골프는 '소풍 같은 설렘의 여행'을 만들어 준다. 골프장이 아니면 이름 모를 강원도 산골, 남해의 섬까지 가겠는가. 가족, 친구와 함께 여행을 갈 수 있는 것도 바로 골프 때문이다.

일곱 번째로 골프는 '맛있는 음식'을 먹을 수 있게 해준다. 인간의 3대 욕구 중 하나인 먹는 즐거움을 골프장 식당과 주변 맛 집을 다니면서 경험할 수 있다.

여덟 번째는 골프를 통해 '많은 것을 배우게' 해준다. 말솜씨, 행동거지, 배려 등의 예의범절을 어르신 혹은 선배를 통해 배울 수 있다.

아홉 번째는 '패션 감각'이 살아난다. 대충 아무렇게나 입는 것이 우리의 미덕이었다. 하지만 옷이 날개라고 어떻게 입느냐에 따라 사람 평가가 달라진다. 골프를 하게 되면 패션에 대한 관심이 늘어나는 것은 당연하다.

마지막 열 번째는 '나눔'에 눈뜨게 한다. 골프의 가장 큰 덕목은 아마도 '노블레스 오블리주'일 것이다. 적어도 골프를 치는 정도이면 삶의 윤기가 좀 더 나을 것이어서 함께 나누고 함께 하려는 운동이 골프이다

필립 몽클리에프는 "골프 실력은 금방 좋아지지는 않지만, 어느 나이에 시작해도 절대 늦지는 않다"고 했다. 엘즈워스 바인스는 "골프는 배우면 배울수록 배울 것이 많아진다"고 했다.

두 명의 골프 명언만 들어도 지금 당장 골프를 시작해야 하는 이유를 말해주고 있다. 골프를 안 하는 것보다 하는 것이 분명 더 행복한 일임에 틀림이 없다.

4월 청보리 밭

그 여자의 치마에서 풀냄새가 났다.
청보리 까실한 4월 어느 오후에
황토빛 향기로 부는 바람
그 여자의 치마에서 새근새근
잉태되는 숨결이 살아난다.
파랗게 들어앉은
네 자궁에 싹트는 소리
그 여자가 걸을 때마다
치마폭엔 강江이 흐른다
그래서일까
그 여자의 다리 안에서 목련이 열린다.
하얗게 벌리는 오! 너의 교태

봄기운에 졸다가 졸다가 실눈으로 보면
그 여자는 바람으로 다가와 옷을 벗긴다.

매혹, 골프라는

달처럼 달처럼 은밀하게 벗겨지는
너의 관능
그 여자의 치마폭에 감겨
오랫동안 잠을 자고 싶다.

골프가 안 될 때 미국 골퍼는 도서실을 가고, 한국 골퍼는?

우린 흔히 골프처럼 이렇게 열심히 했으면 누구나 서울대를 갔을 것이라고 말한다. 그만큼 골프는 참 뜻대로 안 되는 스포츠이다. 노력한 만큼의 결과가 나오기도 하지만 그렇다고 그 결과물이 쌓여 있지는 않는다. 1번 홀에서 잘 맞다가 갑자기 5번 홀에서 안 되는 것이 골프이다. 그러다 다 끝나갈 때 쯤 다시 잘 맞는 것이 골프이다. 골퍼들은 이를 가리켜 "또 와 샷!"이라고 말한다. '쌀 떨어지자 입맛 돌고', '철들자마자 치매 걸린다'는 우스갯소리로 말한다.

그런데 나라마다 골프가 안 될 때 하는 행동이 다르다. 골프가 잘 안 될 때 미국 골퍼는 도서관에서 이론을 공부하고, 일본 골퍼는 골프연습장으로 가며, 한국 골퍼는 용품을 바꾼다는 조크가 있다. 물론 용품을 바꾸고, 이론을 재정립하고, 연습하는 것도 중요하다.

그러나 이보다 더 중요한 것은 골프 스윙의 '일관성' 문제일 것이다. 사실 아마추어가 일관성을 유지한다는 것이 그리 쉬운 일은 아니다. 프로골퍼들조차 일관된 스윙을 위해 라운드 전후에 반드시 연습장을 찾아 점검을 거듭한다. 결국 좋은 용품과 이론도 중요하지만 항상 몸이 기억하고 일관성 있는 스윙 유지가 골프를 잘 치는 관건인 것이다.

시인이자 문학평론가인 박동규 교수는 라운드가 끝나면 늘 그렇듯이 연습장을 찾아가 잘못된 스윙을 바로잡는다. 반면에 그의 부인께서는 공이 맞지 않으면 드라이버를 자주 바꾼다고 한다. A 제약회사 K 회장은 드라이버가 15개가 넘는다. 골프가 안 되면 용품부터 바꿔왔기 때문이다. 사실 구력이 오래된 골퍼의 스윙을 바꾸는 것은 쉽지 않다. 그래서 그 모자라는 부분을 용품으로 메우려는 심리가

작용한다. 구력이 오래된 골퍼가 스윙을 바꾸기 위해서는 1만 번 이상 같은 스윙을 해야 한다는 것이 프로골퍼들의 조언이다. 타이거우즈, 최경주, 박세리, 배상문 등이 겨울에 스윙을 바꿨다가 한동안 슬럼프에 빠진 경우도 있다.

골프 이론과 스윙엔 왕도가 없다고들 한다. 하지만 일관성만큼 골프에서 중요한 단어는 없다. 일관된 스윙, 일관된 느낌을 갖는 것이 그리 쉬운 문제가 아니다. 그만큼 골프는 감(感)이 중요한 운동이다.

아쿠쉬네트사의 타이틀리스트 클럽의 슬로우 건은 '일관성'이다. 70년 간 타이틀리스트 볼이 세계 1위를 지키는 이유 역시 '일관성' 때문이라고 말한다. 회사가 계속 유지되는 것 역시 지속성에 있듯이 말이다.

골프는 대포처럼 정확한 목표를 찾기 위해 포신을 정렬하고 각도와 거리를 산술하지 않는다. 오로지 108㎜의 홀을 찾아가는 건 그야말로 골퍼의 감이다. 그리고 일관된 스윙에 있다. 그 감을 찾는 데는 반복되는 연습과 노력 그리고 창의적인 생각이 있어야 한다. 그렇게 해야 그 느낌으로 만족스러운 라운드를 할 수 있기 때문이다.

—

한 손보다 두 손이 맞닿아야
완성이고 사랑이다

- 미국의 유명 희극인 지미 듀란테라가 1분 공연을 30분간 한 이유.

골프를 치기 위해서는 왼손과 오른손이 만나야 한다. 만나기만 하는 것이 아니라 그립을 견고하게 쥐어 주고 함께 같은 방향으로 갔다가 또 함께 백스윙이 되어야 한다. 절대 혼자 한 손으로 해서는 원하는 방향과 거리를 낼 수가 없다.

세상 이치를 보면 혼자보다는 둘이서 할 수 있도록 만들어 놓았다. 남자와 여자가 존재하듯이, 한 손으로 그 어떤 일을 하는 게 어렵듯, 한 발로 걸어가는 것 역시 더더욱 어렵다. 그래서 혼자가 아닌 둘이 더 완벽해 보이고 행복한가 보다.

남녀도 따뜻한 한 손과 또 다른 한 손이 만나야 사랑이 시작된다. 한 손으로 할 수 있지만 두 손이 만났을 때 그 힘은 배가 되기 마련이다.

미국의 유명 희극인 '지미 듀란테'라는 배우가 있다.

그는 세계 2차 대전에 참전했던 용사들을 위해 공연을 해 달라는 요청을 받았다. 워낙 인기가 하늘을 치솟아 사실 스케줄 빼기가 쉽지 않았다. 그는 고민 끝에 그럼 무대에서 간단히 인사만 하고 내려오겠다고 약속 했다.

그런데 참 이상한 일이 벌어졌다. 짤막한 원맨쇼로 끝을 내기로 했던 듀란테가 무대에서 내려오지 않고 계속 공연을 했던 것이다. 분명 몇 분간만 약속했었는데 30분을 훌쩍 넘기고 있었다. 나중에 안 일이지만 그는 도저히 무대에서 인사만 하고 내려올 수 없는 광경을 목격했던 것이다. 한 팔씩을 잃은 두 명의 참전 용사가 남은 오른쪽 한 팔과 왼쪽 한 팔로 지금 이 시간의 행사를 즐거워하면서 함께 박수를 치고 있었던 것이다.

듀란테는 "이것이 세상에서 가장 아름다운 손임을 깨달았다"고한다.

그 아름다운 두 손을 보고 차마 무대를 빠져나올 수 없었다는 것이다. 한 팔을 잃은 두 병사의 아름다운 박수를 보고 나서, 이후 스케줄 약속을 못 지키더라도 여기에 있어야 한다고 생각했다.

되돌아본다. 우리의 따뜻한 손을 잡아 줄 아름다운 사람이 얼마나 있는지를. 혹 그 따뜻함 먼저 내밀어 본적 있는지. 우린 골프를 치면서 상대방의 단점이나 비방이 먼저였다. 먼저 손 내밀어 따뜻함 전하려는 사람 몇 명이나 될까.

한 손이 아닌 두 손이 맞닿아야 소리도 나고 그 잡은 손을 통해 온기도 전할 수 있다. 따뜻한 다른 손 있기에 세상은 늘 아름다운 기적이 일어난다.

'순간,' '찰나' 도스토옙스키의 5분, 골퍼의 샷의 시간

우린 너무도 많은 것에 대한 고마움을 잊고 산다. 늘 편안함에 안주하고 그것을 희구한다. 그리하여 일상은 아무 일도 없었던 것처럼 무감각을 만들어 낸다. 무섭게 물들어 간다. 이렇게 삶을 정지 시킨 채, 정신을 마비시킨 채로 살아야 할까.

내리쬐는 뙤약볕을 경험하고서야 한 줄기 바람의 시원함을 느낄 수 있다. 항상 그렇게 들이마시는 공기조차도 우린 그 고마움의 가치를 모른다. 숨 막힐 듯 한 메케한 지하 공장에서 빠져나와 본 사람만이 그 신선한 산소의 싱그러움을 안다.

대문호 도스토옙스키는 28세에 사형대 앞에 섰다. 반정부적인 선전용 비밀 인쇄소를 차리는 데 협력했다는 죄명 때문이었다. 그에겐 최후의 5분이 주어졌다. 동료 사형수들에게 작별 인사하는 데 2분, 28년의 삶을 정리하는 데 2분, 나머지 1분은 아름다운 자연을 둘러보는 데 쓰기로 마음먹었다. 그에겐 5분의 시간이 이렇게 소중하게

다가온 적이 없었다. 사형이 집행되려는 순간 기적적으로 그는 풀려나게 되고 그 소중한 5분을 생각하면서 '죄와 벌' '카라마조프의 형제들' '영원한 만남' 등 주옥같은 작품들을 발표한다.

우린 그 삶과 죽음의 짧은 시간을 순간, 찰나라고 말한다. 순간(瞬間)이란 말 그대로 눈 깜빡할 사이를 말한다. 찰나(刹那)는 '75분의 1초'를 말한다. 도스토옙스키에게는 그 5분이 순간, 찰라처럼 느껴졌을 것이다. 그리고 그 시간이 얼마나 소중했을까.

골프도 마찬가지다. 단 1분, 1초를 골프장에서 어떻게 사용하고 있는지 뒤돌아 볼일 이다. 파(PAR)와 버디를 잡기 위해 오로지 클럽 헤드와 볼 그리고 그린의 핀만을 향에 집중했을 것이다.

묻고 싶다. 우리는 골프장에 가서 단 한번이라도 아름다운 자연풍경에 빠져 샷의 순간을 놓친 적이 있는지. 물론 뒤 팀의 진행에 불편을 줘서는 안 된다. 하지만 가끔은 자연에 흠뻑 취해보는 것도 골프를 행복하게 만드는 일이다.

우린 오로지 내기에서 반드시 이겨야 하고, 1타라도 더 줄이는 것이 골프라고 생각한다. 그러나 라운드를 하다가 잠시 멈춰 서서 손끝에 스치는 바람 한 줄기, 소나무 사이로 지는 석양에 탄복 할 때가 진정한 골프의 행복이다.

유난히 석양이 아름다운 곳 김포시사이드골프장을 다녀온 적이 있다. 바다를 배경으로 수만의 거울이 반짝이듯이, 석양햇살이 눈부시다. 이보다 아름다운 순간이 있을까. 우린 석양 하면 에드바르트 뭉크의 '절규'를 떠올린다. 학습되어진 아름다움이다. 늘 가까이에 감동이 있는데도 우린 또 일상처럼 지나간다. 그리고는 아름다움을 학습되어진 그 어디 지식을 꺼내어 마치 나의 경험인 것처럼 말한다.

생각해 본다. 우리가 라운드 하는 4시간 30분에서 단 1분만이라도 걸음을 멈추고 지는 석양을 바라보았는지. 그 지는 석양 바라보면서 나의 이 넉넉한 삶에 미소를 던져 본적이 있는지 말이다.

도스토옙스키는 그 소중한 5분을 통해 명작을 만들어 냈다. 우리 인생에 5분은 아주 짧다. 그 작은 5분의 소중한 의미를 깨달은 도스토옙스키는 많은 사람들에게 깨달음을 주었다.

골프가 더 이상 성적과 유희만이 아닌 자연의 아름다움과 시간의 소중함을 통해서 새로운 나를 발견하기를 바라본다.

결국 골프를 하는 이유 중의 하나가 숫자라는 경쟁을 통해서 누군가에게 이기고 싶은 마음도 있겠지 만은 사실은 잠시 그 석양을 바라보며 "참 좋다"고 느끼는 것일 게다. 그리고 잠시 행복하게 미소짓는 일 일 것이다.

왜 대부분의 사찰은 해발 400미터에
위치해 있을까?

- 엄마의 자궁 기압과 비슷한 최적고도 400미터의 행복

골프의 속설 중에서 '골프는 현지에 가서 치고 안치고를 결정하는 것이다'라는 말이 있다.

그러나 요즘은 비나 눈이 오면 예약 취소는 당연한 것이다. 그럼에도 한 골프 모임은 아직도 현장에 가서 취소를 하는 것을 원칙으로 한다. 약속에 대한 소중함과 지역에 따라 날씨가 달라질 수 있기 때문이다. 그보다 더 깊은 의미는 라운드를 못하면 전(煎)에다 막걸리나 한잔 하고 돌아오는 것이다. 궁극적으로 골프를 빙자한 사람과 사람의 만남이 먼저이기 때문이다.

그런데 거짓말처럼 골프장에 가면 비가 그치기도 한다. 왜 현지에 가서 라운드 유무를 결정하라 하는지 그 이유를 알 것 같다. 골프는 어차피 자연에서 시작해서 자연에서 끝나는 야생의 스포츠이다.

비가 그친 가을 오후 눈이 시리도록 파란 하늘과 싱그러운 바람 속에서 날리는 드라이브 샷은 상쾌함 그 자체이다. 포기하지 않았기에 들뜬 마음으로 서로에게 위로하며 400m 고지 아래로 펼쳐지는 가을 들녘을 한껏 만끽한다.

라운드를 마치고 센추리21 골프장에서 운영하는 한옥 주택으로 갔다. 숲속에 들어앉은 단아한 한옥에 그만 넋이 나갔다. 짐을 내려 놓기 무섭게 창호지 문을 열고 나가 툇마루에서 30분간 아무 생각도 하지 않고 그대로 나무처럼 서있었다. 멍 때리고 싶어서 이다.

계곡 물소리, 급히 쓸려가는 도랑 물소리, 나뭇잎에 떨어지는 빗소리, 칠흑 같은 어둠과 처마 밑 풀벌레 소리… 신기하게도 그간의 모든 근심과 걱정, 스트레스가 사라졌다.

포근했다. 물소리, 바람소리, 어둠이 원시본능을 깨우고 있었다. 어둠, 양수(물소리), 심장소리 등등은 어머니의 자궁 속에서 10개월간 체득한 무의식이다. 어머니 자궁만큼 가장 편안한 집은 그 어떤 세상에도 없다. 그래서 늘 인간은 엄마의 자궁으로 회귀하려는 본능이 있다. 아이들이 차를 타면 잠을 자는 것은 엔진의 소리가 엄마의 심장 소리와 닮아서 이다. 그러고 보니 한국의 대부분의 사찰도 해발 400m에 있다. 어머니 자궁 속의 기압과 비슷해 가장 행복한 고도라고 한다. 어머니의 자궁은 인간의 영원한 고향이다. 그 고향엔 어둠과 물, 심장 뛰는 소리 그리고 평온함이 있다.

이제 알 것 같다. 왜 많은 사람들이 골프에 열광하는지 말이다. 골프장엔 물소리, 바람소리, 빗소리와 자연 안에 포근한 어둠도 있기 때문이다. 우리가 돌아가고자 하는 모태회귀본능의 원시의 울림이다.

자연을 그리워하는 골퍼의 심리는 곧 어머니를 그리워함이다. 그리고 센추리21 골프장처럼 400미터 고지에 있는 골프장은 더더욱 편안함을 준다. 그날 밤 골프장 한옥에서, 엄마의 자궁 같은 한옥에서 너무도 편안하게 오래동안 잠을 잤다.

가끔은 이렇게 자연에서 하루를, 한옥에서 엄마가 들려주는 자장가와 그윽한 눈빛 그리워하며 지내는 것도 좋다. 진정한 행복과 여유 그리고 힐링을 제공해준 400미터에 위치한 센추리21의 골프장과 한옥은 평생 잊지 못할 한가한 여유로움이다.

—

온몸으로 지렁이가 그린을 기어가고 있다

- 그린은 지렁이에게 있어 끝없는 우주 공간이며 기나긴 여행이다.

살면서 코로나19라는 예기치 못한 세상을 만났다. 자연이 얼마나 소중한 것인가를 느낄 수 있었다. 많은 사람들은 청정한 자연, 안전한 골프장을 향해서 참 많은 사람들이 몰려든다.

골프장에 가면 많은 자연의 법칙을 발견한다. 퍼트하기 위해 그린에 올라가 몇 걸음을 걸을 때 우린 온몸으로 그 그린을 빠져 나가려는 지렁이를 본다. 그들에겐 바다보다도 넓은 끝없는 무한공간일 것이다.

"살려고 나왔는데 옮겨주자." "아냐, 이것도 자연의 법칙이야! 그대로 놔두자!"

동반자 사이에서 의견이 갈린다. 둘 다 맞는 말이긴 하지만 선뜻 어떻게 할 것인지 판단이 서지 않았다. 한 사람은 지렁이를 러프 나무쪽으로 옮겼고 또 다른 한사람은 그냥 놔뒀다. 운전하고 오는 내내 찜찜했다. 어떤 것이 옳은 행동인지에 대한 결론을 낼 수가 없었다.

비가 오면 땅에 습기가 차 지렁이는 숨을 쉴 수 없고 그래서 땅 밖으로 나온다. 하지만 피부로 숨을 쉬는 지렁이는 햇살에 오래 노출되면 죽는다. 자연은 모든 사물과 현상이 반복적으로 나타나는 일정한 법칙이다. 사람의 손길이 가지 아니한 자연 그대로의 모습을 지켜 주는 것이 옳을까, 아니면 소중한 생명체를 살리기 위해 지렁이를 옮기는 게 옳을까. 많은 동물 단체가 노루와 새들의 부러진 다리를 치료해 돌려보내고 있지 않은가.

라운드 뒤 단체 SNS 방에 이 화두를 던졌다. 여러 이야기가 오갔고, 코스를 관리하는 지인은 이렇게 답했다.

"처음엔 나도 코스를 다니면서 위태로운 생명체들 앞에서 자주 갈등했다. 모든 건 자신을 방어하기 위해 행동한다. 벌은 살아남기 위해 독소를 뿜어 침을 쏘지만, 침은 창자와 연결됐기에 곧 자신이 죽으리라는 것을 안다. 지렁이는 살기 위해 온몸으로 기고, 벌은 창자가 빠져나가는 고통 속에서도 침을 쏜다. 우린 그 절박함을 기억해야 한다"라는 글이었다.

그의 글을 읽자 뭔가가 가슴에 쿵 하고 와서 박혔다. 살기 위해 최선을 다하는 작은 생명체의 처절한 그 작은 움직임은 몰입이다. 이를 우리 인간의 인문학적 시각으로 가져온다면 무언가에 흠뻑 빠져 심취한 무아지경의 상태일 것이다. 옳은 말이다. 골프를 하다 보면 자신의 목표와 스코어를 향해 몰입하는 동반자를 보게 된다. 반면 온몸으로 저 넓은 그린을 기어서 잘 지나갔는지, 중간에 사체로 남았는지에 더 몰입하는 골퍼도 있다.

이 모두가 골프를 통해 얻는 즐거운 사유다. 골프 안에 자연이 있기에 가능하다. 자연 안에 있는 꽃이며 동물을 보면서 어떤 행동이 옳은 것인지를 고민할 때가 있다. 바로 오늘 그린에서 맞닥뜨린 지렁이가 그렇다. 무엇이 옳고 그른지는 중요하지 않다.

골프, 여행은 위기와 기회, 고난과 극복의 연속이다

흔히 골프는 인생과 닮아 있다고들 한다.

18홀을 가다보면 벙커도 만나고 워터해저드와도 싸운다. OB와 로스트로 인해 원하지 않는 벌타도 받을 수 있다. 볼이 나무 뒤에 숨거나 디벗에 들어가 난감한 경우도 많다.

우리의 삶도 마찬가지여서 살다 보면 크고 작은 어려움과 마주하게 된다. 불평불만만 하고 그냥 피해가는 사람도 있고, 맞서 싸우는 사람도 있다. 누가 옳고 그르다고 말할 수는 없다. 그러나 분명한 것은 피해간 사람에겐 또다시 같은 어려움이 돌아오고 또 피해가야 한다.

하지만 맞서 싸워 이긴 사람에겐 다시 어려움이 돌아와도 이를 극복하는 방법을 알기에 실패란 없다. 행복과 성취감에서 극명한 차이를 보여 준다.

골프만큼 짧은 시간 안에 많은 어려움에 봉착하는 스포츠는 없다. 바람이 불고 때론 비까지 내려 원하는 방향과 위치로 볼을 보낼 수 없을 때가 있다. 설상가상으로 안개까지 끼어 자포자기하고 싶을 때도 있다. 티잉 그라운드 앞에는 워터해저드가 있고 좌우로는 벙커가 도사리고 있다. 페어웨이 한가운데는 큰 소나무가 공략지점을 방해한다. 어떤 골퍼는 짜증과 불만이 가득한 채로 투덜거리며 티샷을, 어떤 골퍼는 반드시 극복할 수 있다는 의지와 해보겠다는 정신력으로 볼을 보낸다. 무엇이 진정한 골퍼의 자세일 것인가.

'그래도 계속가라'를 저술한 작가 조지프 M 마셜은 "폭풍이 부는 것은 너를 쓰러뜨리기 위해서가 아니라, 사실은 네가 좀 더 강인해지도록 도와주는 것"이라고 했다. 그렇다. 왜 내겐 역경과 고난뿐이냐고 화를 낼 것이 아니라 나를 강인하게 만들어 주려함이란 생각을 한다면 역경은 보다 쉽게 극복할 수 있다.

도전을 즐기는 골퍼는 해저드에서 어떻게든 빠져 나오려는 강한 정신력이 있는 반면 불만 가득한 골퍼는 어떻게든 1타를 리커버리 해보겠다는 욕심만으로 가득할 것이다. 역경은 사람을 강하게 만들고 겸손하게 만들기도 한다. 역경은 사람을 지혜롭게 만들기도 하고 배려를 깨닫게 하기도 한다.

어차피 골프와 삶에 있어 위기는 반드시 온다. 한두 번이면 피해갈 수 있겠지만 위기는 한꺼번에, 때로는 다양하게 온다. 위기라는 단어 뒤에는 무지개 같은 극복이란 단어가 숨어 있다.

이젠 불평하고 피할 것이 아니라 맞서 싸워 반드시 이겨내야 한다.

역경을 딛고 얻는 성공만큼 감동스러운 것은 없다. 위기에서 만들어 낸 파와 버디가 더 짜릿한 법이다. 훌륭한 골퍼, 인생에서 성공하려 면 위기는 반드시 맞서야 하는 통과의식일 뿐이다.

매혹, 골프라는

불시착 '피지'에서 삶을 추억하다

딸을 핑계로 뉴질랜드로 향한 적이 있다. 일주일간의 시간이 주어졌다. 현대인이라면 누구나 자유이면서 불안이다. 비워도 될까. 내가 없어도 세상은 잘 돌아가겠지만 그 비움으로 인해 혹 세상에서 밀려나지는 않을까하는 불안감이다.

항공 표를 아는 여행사 지인께 부탁드렸다. 놀라운 일이 벌어졌다. 뉴질랜드 인근 항로에 피지가 있어 불시착 표를 하나 더 넣었다는 것이다. 일주일 일정 중 이틀을 피지에 불시착해 전혀 예상하지 못한 세상과 만나보라는 것이었다.

공항에 내리자 자스민 향과 함께 열대풍이 훅하고 불어왔다. 공항 입구부터 피지언 (Fijian)들이 민속 악기를 들고 환영 노래를 불러주었다. 영혼을 파고드는 소울풍의 피지언 목소리는 왠지 쓸쓸함과 고요함이 섞여 있었다.

뉴질랜드로 가는 여정을 지인께서 마음대로 재단했지만 '피지의 불시착'은 의도적 오류처럼 참 잘됐다. 단 하루지만 여행 패키지 손님들과 함께 했다. 노부부가 화사한 미소로 오징어와 땅콩을 건넨다. 여행을 통해서 같고 다름을 배운다. 여행을 통해서 그 다름을 존중하고 지켜줘야 함도 배운다.

호텔 방 배정을 받고 호텔 주변 골프장과 해변 중 바다 쪽을 택했다. 야자나무 사이로 노을이 지고 있었다. 붉은 빛을 토해내는 석양과 파도소리가 참 잘 어울린다. 어릴 적 자주 가던 동네 이발소 액자속에서 보고 꿈꿔 왔던 풍경이다. 하늘은 온통 붉은 물감을 쏟아 부은 것처럼 이글거린다. 멀리 호텔 야외 라운지에서 피지언 들의 노래가 들린다. 어느새 발걸음은 그곳으로 향했다. 태평양 한가운데 떠 있는 피지 섬의 피지 원주민의 노래다. 그런데 어디선가 많이 들었던 노래 같다. 너무도 익숙한 멜로디라서 어느새 함께 웅얼거리고 있었다. 기억해보니 윤형주가 불렀던 '우리들의 이야기'다. 이 노래가 피지언의 민요였다니. 이곳을 여행하지 못했다면 몰랐을 것이다. 윤형주가 피지 여행 중에 듣고 아름다운 멜로디에 반해 '우리들의 이야기'로 번안해 불렀다고 한다. 오리지널로 들으니 색다르다. 이들의 음색엔 외로움도 있고 태평양 한 가운데 떠 있는 짙게 배인 바람과 파도 그리고 눈빛도 들어 있었다.

피지에 불시착해서 골프를 치려다 해변을 택한 것으로도 충분하다. 뭉크의 절규와 같은 저물 무렵은 아니어도 들으면 끌어안아 주고 싶은 저 민요 하나 만으로 충분하다.

오늘 밤은 왠지 밤새 뒤척일 것 같다. 뉴질랜드 발 비행이 갑자기 피지에 불시착 하면서 얻은 보석 같은 기억들이 머릿속에서 반짝인다. 일탈을 꿈꾸며 불시착을 감행하길 참 잘했다.

웃음 짓는 커다란/두 눈동자/긴 머리에/말없는 웃음이
라일락 꽃향기/흩날리던 날/교정에서/우리는 만났소
밤하늘의/별만큼이나/수많았던/우리의 이야기들
바람같이/간다고해도/언제라도/난 안잊을테요
비가 좋아/빗속을 거닐었고/눈이 좋아/눈길을 걸었소
사람없는/찻집에 마주 앉아/밤 늦도록/낙서도 했었소
밤하늘의/별만큼이나/수많았던/우리의 이야기들
바람같이/간다고 해도/언제라도/난 안잊을테요
언제라도/난 안잊을테요
-윤형주의 이야기 가사 전문

높이 날면 멀리 보이지만....낮게 날면
자세하게 보인다

신록이 가장 푸르고 울창한 6월에 골프장을 찾았다. 어머니들이 좋아하는 사발꽃이 골프장 입구에서 소담스럽게 반긴다. 1번 홀부터 홍작약, 백작약이 흐드러지게 피어 부는 바람에 흔들린다. 코스 깊숙이 들어가니 산딸나무가 층층이 하얀 꽃으로 아파트 층을 이루고 피어 눈부시다. 파3 홀 옆에 너무도 예쁘게 자란 보리수 나뭇잎을 만져 본다.

"나뭇잎을 함부로 만지면 금방 죽어요. 나무한테는 사람 손이 뜨거워요"

누군가가 써 놓은 푯말에서 내 행동이 잘못되었음을 깨닫는다. 우리의 손은 적어도 37도의 체온을 가지고 있다. 추운 사람에겐 따뜻한 손이 될 수 있지만 나뭇잎에게는 오히려 죽음이 될 수 있다.

골프장에 다니면서 새삼 느낀 것은 그냥 잡초라고 부르던 풀에게도 다 이름이 있다는 사실이다. 공터나 산 구석진 곳에서 피는 쇠무

릎, 벼랑에 피어 있는 며느리배꼽, 볼을 찾으려고 들어간 풀숲에 핀 쥐꼬리망초, 지천으로 흐드러지게 핀 쑥부쟁이 등 그마다 이름이 다 있다. 그런데 우리는 그냥 잡초로 부른다.

어릴 적 만화를 통해 알게 된 나폴레옹과 네잎클로버도 그렇다. 세 개의 잎이 정상인 클로버. 네 개의 잎을 지닌 변종 클로버를 발견한 나폴레옹이 머리를 숙여 관찰할 때 총알이 날아와 생명을 구했다는 일화로 네잎클로버는 행운으로 상징된다.

지금 우리의 현실은 1등만 인정하고 성공한 사람만 기억한다. 돈을 많이 버는 법, 성공하는 법을 알려 준다는 책과 강의가 넘쳐난다. 잡초에 이름이 있는지, 나뭇잎에 손을 대면 나뭇잎이 화상을 입는지에 대한 관심은 시간 낭비로 생각하는 시대이다.

도종환 시인의 시처럼 세상에 흔들리지 않고 피는 꽃이 어디 있으며, 젖지 않고 피는 꽃이 어디 있을까. 흔들리지 않으면 부러지고, 젖지 않으면 부서지는 법이다. 동물, 식물과 인간이 교감하려고 하는 이유는 행복해지기 때문이다. 교감은 언어도 생활도 다른 자연과의 소통이다. 마음으로 느끼고 답하는 것이다.

헨리 데이비드 소로는 "참새가 내 어깨에 잠시 내려앉았다. 그때 그 새가 그 어떤 견장보다도 나를 더 특별하게 만들어 준다는 것을 느꼈다"고 했다.

우리는 너무 높이 나는 것에 대해서만 관심이 많다. 높이 나는 새가 멀리 보지만 반대로 낮게 나는 새가 자세히 보는 법이다. 우리가 자연에 머리를 숙일 때 아주 작은 풀들과 흙에서 다니는 아주 작은 벌레들이 보인다.

　지금 우리가 다녀온 골프장에 어떤 꽃이 피어 있는지, 어떤 동물이
코스에 머물고 있는지를 기억하는가. 골프장에 왜 길냥이가 많은지
생각해 본적이 있는가. 오늘 급락한 주가지수에만 안타까워하지 말
고 골프장에 핀 꽃과 새들에게도 시선을.

　매혹, 골프라는

삶도 골프도 기회는 반드시 찾아 온다

- 차디찬 북양(北洋)의 바닷길 1만㎞를 헤엄쳐 갔다가
돌아오는 연어를 생각하며

골프나 인생이나 기회는 반드시 온다. 적어도 인생에서 3번은 말이다. 그러나 골프는 늘 기회가 있다. 하지만 그 기회를 보지 못할 때가 많다.

2013년 한화금융 클래식 마지막 경기가 생각난다. 마치 한 편의 영화를 보는 듯 짜릿했고, 긴 여운과 함께 큰 교훈을 남겼다. 불가능할 것 같은 7타 차, 스코어를 뒤집었다. 그래서 골프는 장갑을 벗을 때 까지 끝난 난 것이 아니라고 말한다. 스포츠는 그래서 우리 인간에게 항상 가능성과 희망을 준다. 특히 골프는 더 그렇다. 늘 위기와 기회가 공존한다. 그리고 인간의 위대함을 발견하게 된다.

사실 3라운드까지 유소연은 김세영에 5타 차나 앞서 있었다. 더군다나 마지막 날 4번 홀까지 유소연은 2위 김세영에 7타 차까지 앞서는 바람에 승부는 싱겁게 끝날 것으로 예상했다. 함께 시청하던 지인도 재미없다며 채널을 돌리라고 했다.

그런데 6번 홀과 9번 홀서 유소연이 보기를 범하며 다시 5타 차이로 좁혀졌다. 이후 김세영이 14번과 15번 홀서 연속 버디를 잡으며 3타 차이까지 따라붙었다. 하지만 16번 홀까지 3타 차이가 나, 남은 두 개 홀에서 이글이 나오지 않는다면 불가능하다고 생각했다. 기적의 조짐, 희망의 씨앗은 16번 홀에서 시작됐다. 깊은 러프에서 통쾌하게 세컨샷을 탈출해 파로 위기를 벗어난 김세영의 표정은 밝아 보였다. 이내 17번 홀서 12만분의 1의 확률인 홀인원을 기록하며 1타 차까지 좁혔다. 결국 마지막 홀에서 김세영이 동타에 성공하고, 연장전서 뒤집기 역전 우승을 확정 짓는 순간, "불가능이란 없다"는 것을 새삼 확인했다. 정말 이게 가능할까 싶었는데 가능했다.

그러고 보니 우린 숱한 라운드를 하면서 쉽게 절망하고 쉽게 포기한다. 그러고는 자멸하는 순간을 참 많이 경험했다. 안 좋은 일이 계속되면 우리 인간은 쉽게 좌절하기 마련이다. 그러나 김세영이 빚어낸 투혼 뒤의 우승을 통해 처칠이 말한 "절대, 절대 포기하지 마십시오"라는 명언이 생각났다.

인간은 자연을 통해서도 기적은 일어난 다는 것을 배운다. 매년 봄이면 어린 연어는 고향 하천에 뿌려진다. 0.5%가 다시 고향으로 회귀하지만 절대 포기할 수 없다. 이들은 300만 마리 중 돌아올 1만5천 마리의 희망을 보며 4, 5년 동안 회귀를 기다린다. 차디찬 북양(北洋)의 바닷길 1만km를 헤엄쳐 갔다가 돌아오는 연어를 위해서 말이다. 나머지 298만5천 마리는 4, 5년간 다른 물고기의 먹잇감이 되거나 병들어 죽기도 하고, 다시 돌아오는 길에 목숨을 잃어가면서 가면서 나머지 1만5천 마리가 고향으로 돌아온다.

희망이 실현되기 위해서는 절대 포기하지 말고 인내하며 열정을 가지고 노력해야 한다는 것을 이번 김세영 우승을 통해 알았다. 기적은 쉽게 절망하고 쉽게 화내고 쉽게 포기하지 않는 사람에게 온다.

삶도 골프도 절대 위기의 순간 포기하지 않으면 반드시 기회가 온다는 것을 기억해야겠다. 간절하게 소망하고, 진정으로 상상한다면 꿈은 현실이 될 것이라 믿는다. 내일은 절망보다는 희망으로 골프와 삶에 꼭 필요한 말이지 않을까.

장마, 파도 빠져 나오기 II

- 피플II, 재즈 바에서

너무 질긴 풍경으로 들어앉아
어둠보다 더 깊은 지독한
그리움으로 둘러쳐져 있어
악다구니 물고 빠져나오려 해도
넌 몇 개의 악보에 걸려서
이내 침묵이 되고 만다.

발목을 죄는 것들은
오늘, 바다로 출렁이지 못한 작은 웅덩이어서
끝내는 달빛 하나 겨우 가두고 나서
전설 몇 개 정도 끌어안은 채
섬으로 떠서
바다 갈매기 겨우 날아 올린다.

넌 다시 두 주먹 불끈 쥐고
빠져 나온다.
그러나 아주 잠시의 자유는 또
네 강한 비트에 얻어맞아
흰 포말로 뜨는 파도가 되어서
아찔하게 아득하게
정신 속을 기어가고 있다.
이내 오오츠크 기단은 널리 반도에
흰줄을 그은 채
몇 일간 비만 내리게 한다
또 다시 널 빠져 나오기 위해
사력을 다하기.

금방 안다. 헛된 것임을
손끝에 묻어나는 이 더러운 갈증
몇 개의 리듬이 콘크리트
벽에 부딪쳐 아우성이다.

별빛 가득한 밤, 맨발로 걸었던 골프코스…
"촉촉한 잔디 감촉이 몸에 스며든다"

　요즘 가장 많이 쓰는 단어 중 하나가 '힐링'이다. 우리는 많이 지쳐 있다. 그래서 치유를 원한다. 하지만 힐링을 검색하면 상업적 욕구만을 덧칠한 것들로 점철돼 있다. 오히려 상처에 더 깊은 흔적을 남긴다. 한 대 맞는 것보다 막말이 더 깊은 상처를 남기듯 지금 세상은 지나치게 물질화돼 있다. 물질은 빈부를 낳고, 비교를 강요하고, 결국 인간을 소외되게 한다. 그 자체가 불안이고 미래에 대한 우울이다. 경쟁에서 밀린다는 것은 스트레스다.

　적당하면 긴장 상태를 유지하기에 좋은 것이 스트레스다. 지나치면 마음을 해친다. 두통, 피로감, 위경련, 우울, 불안을 유발한다. 이렇게 힘들고 지칠 때, 인간은 땅 끝에 서 있다고 생각한다.

　전남 해남의 땅끝 마을에 위치한 파인비치 골프장으로 갔다. 바다와 코스가 잘 어우러진 명문 골프장이다. 많은 사람들이 아름다운 풍경과 해풍 머금은 솔바람 맞으러 온다. 파인비치 골프장의 진정한 가치는 밤에 있다. 골프장은 그야말로 칠흑이다. 고요마저도 숨죽이고 있는 이슥한 밤공기를 타고 노랫소리가 들려오니 마치 천국에 와 있는 듯하다. 클럽하우스 밖, 의자에 부부가 앉아 '바위섬' 노래를 나직하게 불렀다. 소리에 이끌려 나갔다. 부부가 부르는 노래 끝에 보이는 밤하늘의 반짝이는 별무리 때문에 눈물이 날 것 같았다.

학창시절에 자주 갔던 광화문 미리내 분식집이 떠오른다. 떡볶이와 쫄면, 그리고 음악 DJ의 느끼한 음성이 생각났다.

"은하수가 가득한 미리내 분식을 찾아주셔서 감사합니다. 이번에 들려드릴 노래는 별이 빛나는 밤에…"

미리내는 은하수의 순우리말이자 제주도 방언이다. 미리는 미르로 용을 뜻하며 내는 개울을 말한다. 용이 사는 개천, 즉 은하수인 것이다.

파인비치 클럽하우스에서 18홀 티잉그라운드 옆에 있는 전망대까지 딱 1004m이다. 그곳엔 큰 나무 하나가 밤이되면 외롭게 서있다. 많은 분들이 천사길을 걷는다. 홀 아웃 하는 역 방향으로 코스를 따라 걸었다. 멀리 독립수를 비추는 형광조명이 밤하늘을 향해 환하게 켜져 있다.

전망대에는 삼삼오오 모인 사람들이 민요와 트로트를 메들리로 합창하면서 그저 파도소리만 들리는 캄캄한 바다를 바라보고 있었다. 조명에 살짝 비치는 솟대들이 밤바다를 외롭지 않게하기 위해 서있을 뿐이다.

한참 동안 그렇게 바다를 바라보다가 누가 먼저라고 할 것 없이 우린 신발과 양말을 벗고 마지막 18홀 잔디를 맨발로 걸었다. 적당히 이슬까지 내려 발끝은 촉촉했다. 발을 감싸는 잔디의 느낌이 너무 좋았다. 귀 쪽으로 살랑살랑 부는 바람과 들려오는 바다 소리, 그리고 밤하늘에 펼쳐지는 별무리를 바라보면서 걷다가, 잠시 서성거리다 또 걸었다.

방송인 박미선씨는 그날 맨발로 걸었던 그 밤을 평생 잊을 수 없다고 말한다. 별빛, 파도소리, 어두운 밤, 그리고 맨발로 잔디를 밟으며 노래까지 웅얼거렸다. 위로가 됐다. 그날 밤 왜 그리 설레는지 마치 사춘기 소년 같았다. 마음 챙김(Mindfulness)이 참 중요하다.

박미선씨는 그 추억이 몇 해가 지났지만 아직도 그날 밤 이야기를 자주 꺼낸다.

"골프 라운드도 좋았지만 밤에 본 별과 바다와 노래, 그리고 맨발로 걸었던 잔디밭을 평생 잊을 수 없어요"

흑연과 다이아몬드는 같은 탄소(C)이다

한낮 기온이 14도까지 올라가는 것을 보면 봄이다. 자연은 거짓말을 하지 않는다. 오랜만에 골프장으로 간다. 코스에서 살포시 갈색 잔디를 들춰 봤다. 신기하게도 파란 싹이 꼬물꼬물 올라오고 있었다. 아름다운 생명체다.

그러고 보면 식물은 절대 포기라는 법이 없다. 적당이도 없다. 그 추운 한겨울 속에서도, 무더운 한여름 뙤약볕 아래서도 식물은 포기를 모르고 살아 있다. 콘크리트 틈에서도, 버려진 폐허 속에서도, 죽은 나무에서도 식물은 자란다. 꽃까지 피우는 것을 보면 왜 살아가야 하는지 방법을 알려준다. 날씨가 풀리고 싹이 트면 사람들은 떠남을 꿈꾼다. 이 찬란한 봄날에 골퍼라면 골프장을 꿈꿀 것이다.

골프장을 함께 가고 싶은 사람이 있다. 송치훈이라는 동생이다. 나이도, 직장도, 학교도, 지역도 다 다른 친구이지만 그를 만나면 행복해 진다. 그냥 웃으며 함께 걷는 것을 좋아한다. 별 다른 말을 하지 않는데도 염화미소처럼 서로를 공감한다. 골프 매너가 좋고 의사이면서도 겸손해할 줄 알며 항상 건강부터 챙긴다. 골퍼에게 이런 친구 몇 명이 있다면 그 어떤 재물도 부럽지 않을 것이다. 치훈의 아내도 골프를 통해서 만났고 자주 보지 않지만 늘 함께 한 것처럼 정겹다.

사람들은 말한다. 전혀 연관이 없는데 어찌 그렇게 잘 지내느냐고. 사람들에게 답한다. 친구를 사귈 때 배경과 물질을 먼저 보지 않고 그 사람이 좋으면 된다고. 많이 가졌다고 해서 찬사를 보내지 않고 적게 가졌다고 해서 속단하지 않는다. 좋은 친구를 사귄다는 것이 그리 쉬운 일은 아니다. 골프이기에 가능하다. 골프를 하면 그 사람의 됨됨이와 마음을 알게 된다. 골프를 통해서 만난 인연이면 확실하다.

만약 같은 탄소(C) 원자인 흑연과 다이아몬드 중 고르라면 무엇을 고르겠는가.

바보 같은 질문이다. 다이아몬드가 값진 것은 누구나 안다. 오랜 시간을 두고 인내해 원석을 통해 자기 빛을 발하기 때문일 것이다. 정말 그럴까. 세월의 인내를 통한 빛남은 허울이고, 가치의 탐욕이 먼저서 일 것이다. 당장은 가치가 떨어지는 흑연일지 몰라도 어떻게 쓰이느냐에 따라 달라질 수 있다. 흑연으로 피카소가 그림을 그리고 헤밍웨이가 소설을 쓴다면 다이아몬드보다도 더 값진 가치로 빛날 수 있다.

이보다 더 값진 빛남은 바로 사람과 사람의 관계이다. 중국 사람들은 그래서 꽌시를 중요시 한다. 그런 꽌시 같은 존재, 흑연같은 관계가 있는가. 그리 살가운 성격도 아니고 오히려 조금은 드라이 하지만 치훈은 다이아몬드보다도 더 빛을 내주는 흑연 같은 존재이다.

　다이아몬드, 흑연 분명 같은 성분이지만 쓰임새는 다르다. 어떻게 쓰이느냐에 따라서 가치는 더 빛날 수 있다. 골프장을 걸으며 불쑥 내미는 바나나 한 개 그 따뜻한 손길에서 다이아몬드보다 더 값진 흑연의 깊이를 발견한다.

—

그리운 암각화 3

꼭 비가 내릴 것 같았습니다.
하지만 기다리던 비는 이내
귀가하는 허전함에 묻어버렸습니다.
촉촉함 없이 살아간다는 것이
사랑하는 것보다 더 힘 듦을
넘어가는
어둠 안에서 깨달았습니다.

텅 비어있는 도시, 비워져 버린 서울
허전한 시야 메꾸려는 듯 조망되는
빌딩콘크리트 사이로 살아 있는 풀 한포기
화석보다도 강렬했습니다.

강렬한 인상 하나 남기지 못하면 살아남을 수 없기에
예리한 끌 하나 세워
피보다 선명함으로 당신의 기억 속에 들어가려
조각해 봅니다.

그래도 미덥지 못해 돌아오는 길,
뒤 돌아보며
떠도는 바람 앞에 서성거려 봅니다.
흔들리는 불안입니다.
그래서 삶은 또 희미한 초초입니다.

천년을, 만년을 그렇게 살아온
저 어둠속에서 어제도 그랬듯이
오늘도 그랬듯이 그리고 내일도 불안입니다.

사슴, 호랑이, 고래 저 상징적인 것들도
불안이었까.
수많은 날의 시간, 세월을 끌어안고
수많은 날의 불안, 초조를 끌어안고

지금까지 버텨온 것
사랑일까, 삶일까.
아직도.....
그 안에는 비만 내리고 있습니다.

골프장을 여행하다 보니 그곳에 역사가 있었다

이곳이 옛날엔 화전민들이 불을 내서 농사를 지었던 곳이래"
"아! 그래, 처음 들어 보는데…", "이 나무가 살아서 1000년, 죽어서
1000년 산다는 주목 나무래. 독일 가문비나무, 자작나무와 함께 발
왕산을 지키는 명목(名木)들이래."

용평리조트를 다녀왔다. 광활한 500만 평에 펼쳐지는 자연과 인
간이 함께 숨 쉬는 곳이다. 불과 40여 년 전 화전민이 살던 곳이란
다. 동반자들은 책에서만 배웠던 화전민 터라는 말에 다시 한 번 코
스와 주변을 살펴보았다.

기억은 위대하다. 기억은 과거 경험의 심상, 관념, 지식, 신념, 감정
등을 보존한다. 그리고 상상력을 통해 창작의 모태가 된다. 기억은
추억으로 변환돼 그리움이 된다. 그 그리움으로 인해 다시 그곳에
가고 싶어 한다. 기억과 추억을 머릿속에 저장해 놓게 만드는 '스토
리텔링'은 감성적 힘을 지니고 있다.

'천일야화 아라비안나이트' '10일간의 이야기 데카메론' 모두 스토리텔링이 만들어 낸 명작들이다. 일상적으로 소비해버리는 말이 아닌 공감의 문학적 힘을 가지고 있다. 천일하고도 하룻밤 동안 세헤라자데가 샤리아 왕에게 이야기를 들려주려면 그 안에는 끈질긴 힘이 있어야 한다. 데카메론 '10일간의 이야기' 속에도, 하루 10가지 이야기에도 말의 힘만 있어서는 안 된다. 공감 능력이 있어야 한다.

 단순히 골프장 설계를 누가 하고 코스는 몇 년도에 만들어졌다는 이야기만 했다면 쉬 잊을 것이다. 하지만 우리 선조들의 삶과 애환이 있었던 '화전민'이 살던 곳이라는 따뜻한 공감이 시공간을 초월하게 만든다.

문학동인 윤향기 선생에게서 문자가 왔다. 자연과 시간의 결이 깃든 건축을 예술적으로 승화시킨 재일 한국인 건축가 고 유동룡(이타미 준)의 영화를 보았다는 것이다. 핀크스 골프장 포도호텔, 방주교회, 아일랜드 골프장 방주교회, 그리고 서원힐스 클럽하우스가 그의 작품이다. 특히 서원힐스 클럽하우스를 설계할 때 이곳 오너 최등규 회장의 눈을 보고 영감을 얻었다고 한다. 이타미 준을 만난 적이 있다. 그의 선과 결을 주제로 한 건축에 매료되어 한 동안 그의 건축을 찾아 다닌 적도 있다. 골프장에서 그의 건축 예술물이 많다는 것은 행운이다. 하지만 누구에겐 한편의 예술 영화로 만들어질 때 또 누구에겐 잊혀 가는 골프장 내 건축이었던 것이다.

묻고 싶다. 우린 골프장에 가서 골프를 치고 돌아오면 무엇을 기억하는지. 또 무엇이 생각나는지. 기억한다는 것, 생각난다는 것, 추억한다는 것, 그리고 그리워한다는 것만큼 강력한 힘이 있을까.

살아서 천년, 죽어서 천년 사는 용평 골프장 주목나무를 기억한 적이 있는지.

골프와 욕망

'트러블 메이커' A가 있다. 그는 "남자가 그것밖에…." "여태껏 살면서 그것밖에…"라는 말을 입에 달고 산다. 그래서 주위 사람들과 갈등을 빚곤 한다. 특히 그와 골프장에 가면 팀 중 한 명은 싸우거나 다시는 골프를 하지 않겠다고 말한다. OB가 나면 "골프를 20년 한 사람이 아직도 방향도 못 잡느냐"며 자존심을 건드린다. 더블보기라도 하게 되면 "그렇게 골프 하면 돈이 아깝지 않으냐"고 빈정거린다. 라운드 스코어가 좋지 않으면 "지금까지 돈 들인 게 아깝다"고 자극한다. 더 황당한 것은 그렇다고 본인이 골프를 잘하지도 못한다는 점이다. 스코어가 좋지 않거나 뜻대로 되지 않으면 엄청나게 화를 내곤 한다.

A가 습관적으로 마찰을 일으키는 이유는 무엇일까. 그에게 남보다 더 심한 욕심이 내재돼 있어서다. 남보다 더 가져야 하고, 남보다 더 잘 쳐야 한다. 한마디로 지나친 욕망이다. 골프가 어디 욕심만 가지고 좋은 결과를 내는 스포츠인가.

"드라이버 잘 친 다음 샷을 조심하라"는 말이 있다. 감추어진 욕망을 질타하는 뜻이다. 드라이버 샷이 OB가 난 뒤에 멀리건 샷을 주면 결과가 좋은 경우가 많다. 퍼팅한 후 실패했을 때 다시 연습 퍼팅을 하면 홀인 시키는 확률이 더 높아진다. 이유는 단 하나. 다시 하는 샷은 실제 플레이와 관계가 없기에 인간의 욕망, 즉 욕심이 빠져 서다.

골프는 욕심을 부리는 순간 스윙 밸런스가 무너지고 갑자기 심한 힘을 쓰게 된다. 욕심보다는 스탠스가 잘됐는지 어깨의 힘이 빠져 있는지를 먼저 체크해야 한다. 욕심이 들어가면 모든 스윙은 빨라지고 힘이 들어간다. 결국 리듬이 깨져 오히려 원하는 스코어를 만들어 내지 못한다. 그런 욕심으로 바라보니, 그에겐 동료 골퍼가 당연히 못마땅하게 여겨질 것이다.

'계영배(戒盈杯)'라는 술잔이 있다. 술잔에 술이 70% 이상이 채워지면 모든 술이 다 밑으로 흘러내리게 만든 잔이다. 우리 선조들은 계영배를 통해 과욕을 경계하고자 했다. 인간의 욕망은 70%가 채워지면 된다. 하지만 나머지 30% 이상을 더 채우려고 욕심을 부리다가 오히려 모든 것을 잃는 경우가 많다.

세상은 참 아이러니하다. 새 가마니보다 헌 가마니가 더 많이 채울 수 있다. 그러다 보니 욕심은 끝이 없고 많이 보유한 사람이 더 가지려고 한다.

골프를 하면서 어떤 날은 100개도 치고, 어떤 날은 70개도 칠 수 있음을 받아들이면 된다. 그런데 100개 치는 날은 내가 이것밖에 안

되느냐며 화를 내고, 주변 사람들까지 불편하게 만든다. 골프장은 욕심과 성적을 채우러 가는 곳이 아니다. 골프장은 아름다운 자연에서 나를 비우고 오는 곳이다. 좋은 사람들과 함께하는 것만으로도 더없이 행복한 장소이기 때문이다.

2 부
사람이 곧 길이니,
우리는 바다로 하늘로 대륙으로 떠나네

매혹, 골프라는

꽃밭에 들어갔다고 아이가 혼났다

- 풀은 민중이고, 바람은 꼭 권력이어야 하나?

아이가 혼났다. 엄마가 아이의 등을 내리치며 혼을 내고 있었다. 하지 말라고 했는데, 아이가 했나 보다. 안 된다고 했는데 아이가 되는 줄 알고 했나 보다. 한참을 지켜봤다. 아이는 꽃 잔디가 너무 예뻐 화단에 들어가 꽃을 꺾었나 보다. 아이 엄마는 꽃밭은 많은 사람이 보라고 있는 것이지, 들어가라고 있는 것이 아니라면서 꾸중하는 듯 했다.

그 장면을 지켜보고 있으니 쓰디쓴 웃음이 지어졌다. 어릴 적 학교 꽃밭, 고궁 잔디밭에 들어갔다가 혼나고 벌 받고 반성문을 썼던 기억이 떠올랐다.

"다시는 꽃밭, 잔디밭에 들어가지 않겠습니다"라는 글을 썼던 게 기억이 난다.

아이에게 말해주고 싶었다. 너도 얼른 커서 골프장으로 오면 된다고. 골프장에 가면 실컷 잔디를 밟고 꽃밭에 들어가 사진을 찍을 수 있다. 그러고 보니 우리 한국인들이 골프에 열광하는 이유 중 하나가 꽃밭과 잔디를 마음대로 밟을 수 있어서인지도 모르겠다.

매년 서원밸리 골프장 잔디 코스를 주차장과 많은 사람에게 맘껏 밟고 즐기라고 개방한다. 가족이 잔디밭으로 몰려들었고 그곳에 텐트도 치며 환호했다. 폭발적 반응과 감동으로 이어졌다.

그 아이의 엄마를 나무랄 수도 없다. 적어도 그 세대들은 하면 안 된다는 것으로 배웠으니 말이다. 이제부터는 만져보고 밟을 수 있도록 가르쳐야 할 것 같다. 특히 중요한 것은 꽃과 잔디는 순환성 생명이기 때문에 내년 봄이 되면 다시 파랗게, 붉게 피어난다는 점이다. 따라서 우리는 그 자연을 즐길 권리가 있다.

만져보고 밟아보고….

벼가 잘 자라고 있는 논에 풀이 자라고 있으면 잡초다. 하지만 골프장 코스 잔디밭에 벼가 자라면 이 역시 잡초이다. 잡초는 제거해줘야 주식물이 잘 자란다. 넓은 들판에 풍년초(일명 개망초)가 지천으로 깔려 있으면 농부들은 한숨부터 짓는다.

하지만 골프장에 풍년초가 홀 주변에 작은 계란 프라이처럼 하늘을 향해 피어 있으면 골퍼들은 환호한다. 1800년대 말 경인철도 설치를 위해 캐나다산 침목이 들어왔을 때 함께 딸려온 씨앗이 바로 풍년초다. 하필이면 나라를 빼앗기기 직전에 우리나라에서 피어나 개망초라는 이름으로도 불렸다.

어디에 있느냐에 따라 가치는 변화한다. 세상엔 절대적인 가치는 없다. 우리가 교과서에서 배운 김수영의 시 '풀'이 꼭 민중이어야 하고 '바람'이 권력이어야 할 절대적 가치는 필요 없다. 풀은 풀이고 바람은 바람이다. 그래서 골프장에 가고 싶다. 절대적 가치도, 맞음과 틀림을 강요하는 시험도 없기 때문이다. 맘대로 밟아도 될 잔디가 있고 꽃씨가 마음대로 날아다니다가 내리고 싶은 곳에 앉아 싹을 틔우고 꽃피우면 되니까. 되는 줄 알고 꽃밭에 들어갔던 아이가 혼나지 않아도 되는……

오지랖 문화와 메이와쿠 문화

- 골프여행에서 보고 듣고 느낀 것

길었던 여름의 끝에서 문득 허전하다는 생각이 들었다.

주말 연휴를 이용해서 일본을 다녀오자는 후배를 따라 무작정 따라 나섰다. 떠난다는 것만큼 가슴 벅찬 설렘은 없다. 복잡했던 일상을 벗어나 미지의 그곳을 상상하게 되는 것만으로도 힐링이다.

스위스의 사상가 칼 힐티는 "모르는 길을 헤매면서 새로운 것을 배우고, 새로운 나를 발견하게 된다"고 했다. 칼 힐티 말처럼 이번 여행은 낯설움 그리고 새로움의 재발견이다.

골드, 코리아 골프장 이동준 회장님이 운영하는 일본 고베(神戶) 아와지(淡路)섬에 위치한 아와지 리조트에 갔다. 마침 일본은 추석 (양력 8월 15일) 연휴 기간이어서 리조트 내에 일본 여행객으로 붐볐다. 이들은 골프도 치고 가족과 함께 휴식도 즐긴다. 특히 저녁 클럽하우스 레스토랑에서는 숨소리 하나 들리지 않을 정도로 조용히 식사를 해 더욱 놀랐다. 한국 골퍼들도 처음엔 조용하게 식사를 하다가 이내 술이 좀 거나해지자 목소리가 커지면서 무질서해지기 시작했다. 부끄럽다는 생각이 들은 것은 나만은 아니었을 것이다.

'남에게 폐를 끼치면 안 된다'는 일본의 '메이와쿠(迷惑,·민폐) 문화'와 '우리가 남인가'라는 한국의 '오지랖 문화'가 극명하게 나타나는 순간이었다. 오지랖이란 겉옷의 앞자락을 말한다. 남의 일에 참견하기 좋아하는 우리나라만의 문화이다. 어느 나라 문화가 좋고 나쁘고, 맞고 틀리다고 말할 수는 없다. 하지만 많은 사람들이 모여 있는 곳에서는 질서를 지키고 낮은 목소리로 대화를 하고 아이들조차도 조용하게 식사를 하는 일본인들의 모습이 보기 좋았다.

골프장 식당에서도 우리 한국 골프여행객들은 차례를 기다리고 있는 일본인들을 가로질러 들어간다. 그리고는 큰소리로 "왜 자리 없어?"라고 항의한다. 술 한 잔까지 하면 이윽고 호탕한 웃음을 짓다가 큰소리가 나오고 심지어는 싸움까지 한다.

무엇이 옳고 그름 정도는 판별 할 수 있는 문화 수준은 이미 넘어섰다고 본다. 세계 10대 경제 대국의 대한민국 위상은 아니라고 본다. 물론 일부 몰지각한 분들이 그러지만 결국 외국에서는 이 모든 것이 한국의 이미지화 된다는 부분에 가슴 아프다.

좋게 보면 우리의 오지랖 문화만큼 따뜻하고 아름다운 정서는 없다. 기차 옆자리에 앉으면 이웃사촌이 되고 집안일까지도 늘어놓을 수 있을 만큼 금방 친해진다. 갑자기 비가 오면 옆집 빨래까지도 걸어 주는 것이 우리 오지랖 문화이다. 일본인들에게서는 상상할 수도 없는 우리의 오지랖 즉 한국인만의 정 문화다.

골프를 치다가도 우린 "OK!"하는 컨시드가 있지만 일본은 끝까지 넣어야 한다. OB가 나면 우린 "멀리건(한 번 더)"을 외치는 따뜻한 정이 있지만 일본은 예의에 어긋나는 일로 생각해 룰대로 진행한다. 무엇이 옳고 그르다고 말하겠는가. 하지만 글로벌 시대에 이제는 어느 정도 문화 수준을 세계화에 맞출 필요가 있다.

보리쑥떡 한 쪽도 나눠먹을 수 있는 오지랖 문화와 남에게 민폐를 끼치지 않으려는 메이와쿠 문화에 대해 생각해보는 좋은 시간이었다. 골프 그리고 여행이 가져다 준 선물이었다.

미국에서 온 킴 할머니의 편지 한통

고향에 돌아온 것은/ 오직 죽기 위해서이다/ 고향에 돌아온 것은/ 마지막 사랑을 위해서이다/ 저 아래 오십천은/ 50개의 계단이 만들어/ 그 물 거스르기를/ 50번이나 하면/ 태어난 물 냄새에 안길 수 있다/(…)/ 어디인들 불 쪼이지 않으면/ 얼어붙는 계절인데/ 나는 그 추위야말로/ 오랜 삶이었고/ 오랜 죽음이며/ 내가 태어난 고향이다'(고은 '머나먼 길')

매년 명절 때마다 향기로운 과일과 예쁜 메모지에 글을 써서 미국에서 보내오는 팬이신 '킴'이란 할머니가 계시다. 필자가 쓰는 골프 칼럼이 향수를 불러일으키고 한국 정서를 잘 담고 있어 좋다시며 10년 넘게 인연을 맺고 있다.

킴 할머니는 얼마 전 추석맞이 뉴욕 교민 골프대회에 참석해 송편과 부침개를 맛보셨다고 한다. 송편 한 개를 입에 무는데 고향 생각에 눈물이 쏟아졌다는 것이다. 그래서 할머니께서 고은 시인의 '머나먼 길' 시를 요약해 보내온 것 같다.

그리고 메모지에는 "나 한국 가서 참기름 내 나는 솔 향 그윽한 송편 먹고 싶다"는 글을 보내오셨다. 정말로 한참 동안 가슴이 먹먹하고 눈물이 날 것 같아서 할머니의 애절한 글을 읽고 또 읽었다.

우리는 추석을, 이 가을 풍경을 당연하게 누리는 것이지만 킴 할머니에겐 얼마나 그립고 간절함일까를 생각해 본다. 연어도 가을이 되면 강원도 삼척 오십천으로 돌아온다. 차디찬 북양(北洋)의 바닷길 1만km를 헤엄쳐 어머니의 체취를 찾아, 어머니의 강 모천(母川)으로 돌아온다. 그러니 이역만리 머나먼 미국 땅에서 사시는 킴 할머니는 어머니의 나라가 한국이 얼마나 그리우실까.

그래도 우린 추석이 되면 선물 가득 안고 각자의 고향으로 돌아갈 수 있다. 하지만 언제부터인가 명절은 귀찮은 일이 되어가고 있다. 추석이 지난 후 부부간의 이혼율이 상승하고 부모형제 간의 갈등이 커지고 있다. 며느리에겐 시댁이, 사위에겐 처갓집이 불편한 존재이다.

미국의 킴 할머니를 생각해본다. 솔 향 나는 참기름 묻은 송편 하나가 간절하게 그립다고 하신다. 우리에겐 그리 어려운 일이 아닌데 킴 할머니에겐 어쩌면 살아생전의 소망 전부일 수 있다. 어릴 적, 송편 안에는 무엇(콩, 밤, 대추, 팥)이 들어 있을까를 생각하며 먹던 그 송편이 그립다고 하신다.

적어도 우리에게 있어 추석은 흩어져 있던 가족이 함께 하는 자리이다. 봄에 씨를 뿌려 가을에 튼실하게 물알은 곡식으로 조상님께 먼저 알리고 함께 추수감사를 하는 것이다. 크게 꽉 찼다는 '8월 한가위' 보름달을 보면서 비록 가난했지만 가족의 건강과 소원도 빌면서 차린 음식을 이웃과 함께 나눴던 그 시절이 있었다.

그래서 반성해보련다. 우린 성공만을 생각하면서 달려왔고 이 사회는 유혹했다. 부부가, 부모형제가 추석날 모여 싸우고, 등 돌리는 그 내면에는 분명 물욕의 욕심이 자리 잡고 있어서다.

킴 할머니의 글을 골프장에서 근무하는 지인께 보냈다. 그도 글을 읽고 많은 생각과 반성을 한다고 했다. 그리고 그동안 고마웠던 분들을 떠올리고는 직접 만든 송편 맛을 보여드리기로 했다는 것이다. 그렇게 지인들에게 전갈을 넣자 감사 표시로 골프 라운드에 초청하겠다는 답이 왔다고 한다.

그렇다. 호의를 베풀면 감사함은 더 커져서 오기 마련이다. 솔향 가득 머금은 그 송편이 미국 킴 할머니는 얼마나 그리우실까. 송편 하나의 행복이 그 어떤 욕망과 재물보다도 더 절실하실까. 이제는 움직이기 어려워 한국 오시는 것을 포기 하셨다는 말이 더 아프다 가슴이.

킴 할머니는 기억하고 있었다. 우리의 어머니들은 둥근 달 떠있는 마을 입구에서 귀향하는 자식들을 마중했었다고. 지금도 생생하게 기억하신다고.....

영원한 것에 대하여

- 자식에게 있어 아버지란?

석양을 배경으로 아버지와 함께 골프장 잔디밭을 거닐고 싶다.

어머니 하면 눈물부터 흐른다. 자식을 위한 고단한 삶이었기 때문이다. 아버지 하면 가슴부터 먹먹해 온다. 늘 헛기침으로 모든 것을 표현하시지만 그 안엔 항상 따듯함이 묻어있다. 그런데 아버지의 그 사랑, 속내는 왜 이 세상을 떠나신 후에야 알게 되는 것인지......

이 세상의 모든 아들들은 말한다. 살아계실 땐 정말 몰랐다고, 살아가면서 아버지의 속 깊은 정을 알게 됐다고들 말한다. 그래서 아버지가 더더욱 그립고 다시 만나고 싶다고 말이다.

허광수 삼양인터내셔널 회장께서도 아버지를 생각하면 잠시 말문이 막힌다고 한다.

"아버지를 만날 수 있다면 석양이 지는 골프장에서 라운드 하고 싶지요"

허광수 회장의 아버지에 대한 회한이다. 골프를 가르쳐 주었고 삶을 헤쳐 나가는 방법을 알려 주었다고 한다. 아버지를 다시 만날 수 있다면 석양이 지는 멋진 골프장에서 꼭 라운드를 하고 싶다고 간절한 바람을 말한다.

이상현 캘러웨이골프코리아 사장도 아버지를 다시 만난다면 아버지와 함께 꼭 골프 라운드를 하고 싶다고 말한다. 그는 아버지 장례식 날 골프모자와 퍼터, 볼을 넣어 드렸다. 참 골프를 좋아하셨고 아들과 함께 골프 하는 것을 좋아했다고 한다.

미국에서 암에 걸린 아들을 위해 재미교포 아버지가 골프장을 통째로 빌려 부자간의 라운드를 했다. 그날 홀인원이 나왔고 아버지는 아무 말도 하지 않고 그저 아들의 등을 두드려 주며 뜨거운 눈물을 흘렸다. 골프는 희망이고 기적이다.

그러고 보니 참 이상하다. 왜 아들들은 아버지를 떠올리면 가슴부터 먹먹해지는 걸까. 왜 말문부터 막히는 걸까. 그리고 한결 같이 아버지와 골프 아니면 산책을 하고 싶다고 할까. 가족을 책임져야 하는 늘 어깨가 무거운 아버지, 엄격해야만 가족의 무게를 이겨낼 수 있었던 아버지이기 때문일까. 아버지는 슬퍼도 눈물 흘리면 안 되고, 아버지는 힘들어도 표현하면 안 됐다. 아버지에게 위기와 고난은 반드시 치러야 하는 통과의례이다.

힘든 하루를 버티고 돌아오는 아버지의 양 어깨에는 항상 소금꽃이 피었다. 그 소금꽃이 삶의 훈장이라는 것을 우린 또 아버지가 되어서야 깨닫는다.

'아버지·아버님·아빠·아범·애비·가친·엄친·선친·춘당·춘부장·

춘부대인·존대인·선장·대인.' 이 모두가 그리운 아버지의 이름이다. 아버지도 슬프고 힘들고 눈물이 날 때가있다.

아버지 하면 가슴이 먹먹해지는 것은 아마도 아버지와의 추억이 부족해서, 아버지에게 잘 표현하지 못해서 인가보다. 표현하고 싶고 함께 술 한 잔 하고 싶지만 세월이 아버지를 놓아 주지 않아 늘 후회다.

만약 아버지가 살아 계시다면 지금 당장 산책 아니면 골프장으로 가고 싶다.

우리의 아버지

1.
내가 눈을 떴을 때
쏟아지는 찬란한 햇살 눈부심 가운데는
아버지의 헛기침 소리가 있었다.
그때서야 나를 깨운 건 햇살이 아니라
아버지의 부지런함 인줄 알았다.
덜깬 눈으로 문을 열자
마루 끝을 타고 올라오는
감자꽃, 새파란 감자 잎들이
6월의 싱그런 바람 앞에서 나보다 먼저 깨어 있었다.

2.
내가 눈을 떴을 때
쏟아지는 물살 가운데는

아버지의 잔삽질 소리가 들렸다.
그때서야 나를 깨운 건 빗소리가 아니라
밤새 또랑을 내고 있던 아버지의 근심인줄 알았다.
솔가지 지펴 눅눅함을 말리는 연기, 이슥하도록
돌아오지 않는 아버지.
마루 끝에 걸친 채 오랜 기다림의 대문 위로는
시커멓게 버티고 있는 은행나무, 그 안엔
은행들이 별처럼 총총히 박혀 있었다.

3.
내가 눈을 떴을 때
사그락, 사그락 새벽꿈을 꼬고 있는 가운데는
아버지의 몰아쉬는 숨소리가 있었다.
그때서야 나를 깨운 건 새끼 꼬는 소리가 아니라
잠들지 못하는 아버지의 잔기침인 줄 알았다.
겨우 눈을 떠 모로 누워 아버지를 보았을 때
활처럼 휘어버린 아버지의 등뒤로
언제 꺼질지 모르는 촛불이 불안하게 서있다.

4.

내가 눈을 떴을 땐

기다리다, 기다리다 지쳐 깨어난 나 혼자 뿐이었다.

그때서야 날 깨워줄 햇살도, 물소리도, 새끼를 꼬는 소리도

없음을 알았다.

없다는 것을 알게 된 두려움보다도 더 날 힘들게 하는 건

점점 지워져 가는 아버지.

내 기억이 또 다른 기억으로 희미해져 가는.....

그리고 내가 아버지가 되어가고 있었다.

휴장한 골프장의 주인은 다람쥐였다

추석이 빨랐다. 음력이다 보니 9월과 10월 사이에 추석이 왔다.

이른 추석이라 과일과 곡식이 덜 영글어 제사상 차림에 많은 분들이 조상님께 죄송한 마음이다. 하지만 자연은 그렇게 덜 여문 채로 있지 않았다. 조금이라도 더 농익기 위해 몸부림 치고 있었다.

차례를 지내고 인근에 있는 경기 광주의 뉴서울 골프장을 찾았다. 이날만큼은 골프장도 휴장이다. 조용한 코스를 돌아봤다. 아무도 없는 고요한 숲속에서는 평소 듣지 못한 바람소리도 있고 낙엽 살랑거리는 소리까지 들린다. 코스모스는 목이 무거워 땅을 향해 숙였고 파란 하늘을 무겁게 받치고 있는 나무들이 힘겨워 보인다.

페어웨이 주변의 잣나무들은 툭툭 영근 잣송이를 잔디밭 가득 내려놓았다. 골프장 잔디밭 주변의 잣송이 사이로 부지런히 왔다 갔다 하는 동물이 눈에 띈다. 도토리나무도 연이어 도토리를 지상으로 낙하시키고 있다. 다람쥐가 사람보다도 먼저 올 수확의 기쁨을 만끽하고 있었다.

떨어진 도토리를 부지런히 나르는 다람쥐를 보면서 미소가 저절로 띄어졌다. 가끔 심술궂은 청설모가 나타나 가을 수확을 약탈하기도 한다. 자연 속에도 분명 생존법칙이 작용하고 있음을 확인할 수 있었다.

골프장 코스 한가운데 서서 하늘을 본다.

지금은 다만 파란 하늘과 숲속의 바람소리, 새소리, 물소리만이 가득하다. 갑자기 머릿속이 텅 비워짐을 느꼈다. 가끔은 이렇게 삶에 재갈을 물리고 속도를 조절해야겠다는 생각도 해본다. 가끔은 이렇게 문명을 떠나 자연에서 실종되어야겠다는 생각도 가져본다.

미국에서는 21세가 되면 스스로 실종될 권리가 있다고 하며 니체는 "고독하지 않으면 몰입할 수 없으며 또 고독하지 않으면 삶의 의미를 깨닫기 어렵다"고 했다.

평소 바쁘게 골프 스코어에만 전념하느라, 내기에서 이기려고 집착하느라 보지 못하고 듣지 못한 자연 그대로의 모든 것을 오늘에서야 듣는다. 혼자 자연에서 고독하다 보니 골프장에 이렇게 많은 잠자리가 있는지도 새삼 실감해 본다. 그리고 저 살아남은 골프장 주변의 동물들과 나무는 수많은 더위와 추위, 그리고 폭풍우와 맞서 이겨내고 자란 것에 감탄해 본다. 그동안 우린 보이는 것만 보았을 뿐 정작 그 뒤에 숨겨진 비밀스런 풍경은 간과하고 살았다.

골프장을 빠져나오며 바라본 서쪽 하늘 노을빛이 너무도 아름다워 한참을 바라본다. 순간 마음속에서 창문이 스르르 열리고 시원한 바람이 자연 향과 함께 솔솔 불어오는 듯 했다. 내가 떠난 그 뉴서울 골프장 휴일은 단순히 휴장이 아니었다.

그 골프장의 휴일은 다람쥐가 주인이라는 것을 명절 휴일인 오늘에서야 깨닫는다. 진짜 자연의 주인은 다람쥐, 도토리, 잣이었던 것이다.

꽃 전구 달아 놓은 것처럼 18홀이 눈이 부십니다

- "꽃이 필 때 꽃이 질 때, 사실은 참 아픈 거래" 부활 정동하의 노래 중에서

4월 햇살이 설탕처럼 반짝이며 눈부시던 어느 날 한 통의 전화를 받았다.

"지금 벚꽃이 한창이니 꽃맞이 한번 오시죠?"

봄을 알려준 전령사는 꽃이 아닌 골프장에서 근무하는 분이었다. 그러고 보니 지금 세상은 만화방창(萬化方暢)이다. 베어크리크 이재종 본부장이 아니었다면 봄을 깜박하고 보냈을지 모를 일이다. 골프장 홀마다 꽃 전구를 달아 놓은 것처럼 눈부시다. 여기저기서 행복한 웃음소리가 꽃잎이 돼 출렁이다가 반짝인다. 웃음소리 들으니 더 행복해진다.

며칠이 지난 뒤 김포시사이드 골프장 한달삼 회장님이 조금 있으면 벚꽃이 지니 서둘러 다녀가라고 하신다. 아! 그때서야 꽃이 지는 시기구나 싶어서 한걸음에 달려갔다. 골프장 안에는 마지막 꽃들이 안녕을 고하고 있었다. 지나가는 길마다 꽃비를 한 아름 선사한다. 꽃비가 몸에 내려 젖지는 않았지만 마음속에서 참 촉촉하게 내려앉

고 있었다. 그러고 보니 우린 꽃 피는 것만 기다렸을 뿐, 꽃이 질 때를 기억하지 않았던 것 같다.

꽃이 필 때 살갗이 터지고 찢어지는 고통이 있음을 우린 기억하지 않는다. 꽃이 지면서 열매를 잉태하고, 마디가 만들어진다는 것을 우린 기억하지 않았다. 그러고 보니 늘 자연에서 배울 것이 많다. 꽃이 필 때 불러준 이재종 본부장님과 꽃이 질 때 전갈을 보내 주신 한달삼 회장님의 작은 배려가 자연이 피고 지는 것을 깨닫게 해주었다.

살아가면서 뒤돌아 가는 사람의 등을 한참동안 바라봐 줄 수 있어야 진심이다. 영혼 없는 인사를 마치고 휙 돌아서는 그 마음 안에는 진정한 배웅이 없다. 다 할 일을 했을 뿐이라고 생각한다. 업무 차 일본을 가보면 차가 사라질 때까지, 골목 끝에서 점으로 보일 때가지 손을 흔들며 인사하는 모습을 보았다. 일본 오키나와 키세 골프장에 가 보니 처음 꽃이 핀 날과 시간 그리고 발견한 사람의 이름을 기록했다. 그리고 그 꽃이 진 날의 날짜와 시간 그리고 발견한 사람의 이름이 또 쓰여 있었다.

꽃이 피는 것도 중요하지만 그를 보내는 것도 참 중요함을 알았다. 긴 여정의 고단한 삶과 피로로 인해 남의 아픔과 슬픔은 뒷전이다. 내 할 일을 다 했다고 생각할 수 있다. 하지만 세상엔 피는 것이 있으면 지는 것이 반드시 있었다.

'꽃이 필 때 꽃이 질 때/ 사실은 참 아픈 거래/ 나무가 꽃을 피우고 열매를 달아줄 때 / 사실은 참 아픈 거래.'('부활의 노래' 가사 중에서)

집으로 돌아오는 길에 라디오 방송에서 흘러나오는 부활의 정동하 노래가 가슴속에 와 반딧불처럼 반짝인다. 이해인 수녀가 지은 시에 만든 노래를 듣고 있자니 눈물이 왈칵 쏟아질 것 같았다.

노래를 들으며 생각한다. 다 내 것이어야 하고, 반드시 이겨야만 하는 것일까. 세상엔 이렇게 꽃이 필 때 연락을 해주는 분도 있고 지기 전에 소식을 전해주는 분도 있는데. 꽃이 필 때와 꽃이 질 때를 노래로 전해주는 가수도 있는데. 그래서 골프가 좋다. 멀리서 바라볼 수 있고, 넉넉하게 돌아볼 수 있어서.

한국 대표 골프 선수로 출전해
묵언 수행을 하고 오다

 터키 항공 주최 아마추어 국내 대회에 출전해 덜컥 우승을 해버렸다. 더더욱 놀라운 것은 터키 안탈리아에서 펼쳐지는 터키항공 월드아마추어 대회에 한국 선수로 선발 된 것이다. 갑자기 일주일간 터키 안탈리아를 가게 됐다. 우승 부상으로 아마추어대회 출전권과 유러피언투어 터키오픈 관람 이벤트까지 주어진 것이다.

 전 세계 47개국 70개 도시에서 예선을 치른 각국 우승자 140명이 안탈리아에 모여 최종 결승을 치른다. 대한민국 아마추어 대표로 유일하게 출전했다. 처음 있는 일이다. 태어나서 한국인은 오로지 혼자인 곳에서 일주일을 그것도 한국말을 사용할 수 없었던 적은 없다. 사실 영어도 유창하지 않아 7일간 묵언수행에 가까웠다. 시간이 지나면서 조금씩 적응됐고 외국 골퍼들의 골프까지 궁금해졌다. 국가를 대표해서 출전해서 인지 프로골프대회처럼 룰 적용과 진행이 매우 엄격했다. 티타임이 늦은 아마추어는 그대로 실격시켰다.

 습관적으로 국내서처럼 컵 바로 옆에 붙는 볼을 집어 들었다가 벌타를 받았다. 우리는 관례상 더블 파(양파) 이상 적는 것이 없지만 이들은 10타 이상을 모두 적어냈다. OB가 난 뒤에 잠정구를 쳤지만 그 볼마저 없으면 다시 돌아와 세 번째 드라이버 샷을 해야 했다. 그 누구도 불평 한마디 없다. 만약 한국이었다면 "그냥 대충 합시다"라며 넘어가려 했을 것이다.

 하지만 이곳에서도 룰과 에티켓 위반이 보인다. 외국 골퍼들도 슬쩍 볼을 옮기거나 스코어를 속였다. 아! 이 사람들도 사람이고 골퍼이었다. 누구나 골프를 잘하고 싶은 욕망은 같은가 보다. 만약 그 홀에서 볼만 집어 들지 않았다면 우승을 했을 것이다. 한국 대표로 출전해 2위를 차지한 것도 한편으로는 자랑스럽기도 했다.

 가끔은 이렇게 전혀 예상하지 못한 낯선 사람들과의 만남과 관계 속에서 나를 돌아 볼 수 있다는 것이 흥미로웠다. 그리고 각국 대표로 온 아마추어 골퍼의 행동과 골프 스타일도 볼 수 있어서 좋았다. 처음엔 두려움과 막막함이 먼저였는데 이들과 7일간 있으면서 조금 듣는 귀도 열리고 골프 조크도 할 만큼 친해지니 이별이었다.

 이번 골프여행을 통해서 미지에 대한 두려움 보다는 자신감을 얻었고 어떻게 해야 하는 지에 대한 방법도 배웠다. 실패하지 않을 것 같은 40㎝ 퍼트도 실패한다. 성공할 수 없을 것 같은 20m 퍼트도 성공한다. 가능성과 불가능성을 공식처럼 풀어낼 수 없는 것이 골프다. 그래서 골프는 답이 없고 그 순간순간에 만들어 지는 예측하지 못하는 경기이다.

　비록 말이 통하지 않아 많은 이야기를 하지 못했지만 터키 안탈리아의 7일간의 여행은 많은 것을 배우고 깨닫게 해줬다. 전혀 낯선 외국인들과의 7일 간의 여정이 그땐 서먹서먹하고 언제 시간이 가나 했지만 이제는 그때가 그리워진다. 그때 쓴 시를 옮겨 적는다.

　터키 그 그리움 안으로

　몇 백 년 가슴 앓아 사무친 그리움이라면
　몇 천 년 어둠속 키워온 눈물이라면
　오늘 여기 동그랗게 밀려오는 저녁
　성 소피아 성당 종소리로 스며들고 싶다.
　눈물이라고 했다. 어둠이라고 했다.
　유럽도 아닌, 아시아도 아닌
　그대들의 외로움으로 인해
　그대가슴 오랫동안 맞대고 온기 나누고 싶었다.
　사랑한다. 사랑한다. 사랑한다.
　수천년의 어둠이 할렘 여인의 치마폭에서
　고장난 시계처럼 정지해 있다.
　칸칸이 세워진 어둠의 역사가 걸어온다.
　치마폭에 숨겨진 어머니의 역사.

멀리 이국으로 떠나는 터키 용병이 걸어온다.

졸지 않고 지켜온 모국어, 눈이 파라서 외로운 병사들

그리운 것들, 아름다운 것들.

네게로 내가 간다. 내가 네게로 간다.

형제라는 이름으로 네게로 내가 간다.

몇 백 년 가슴 앓아온 사무친 그리움이라면

눈이 파라서 더욱 외로운 어둠이라면

사랑한다. 사랑한다. 사랑한다.

터키여!

사막 한가운데 푸른 파도 넘실대는
'두바이 골프장'

한창 겨울인 국내 골프장은 벌써 3개월째 빗장을 걸어 잠그고 따듯한 햇살이 걸어 들어와 노크하고 있다.

한 골프장 직원은 하얗게 덮인 골프장을 바라보면서 '죽은 사막' 같다고 말한다. 소스라치게 놀랐다. 죽은 사막이라는 말에 갑자기 슬픈 어린왕자의 표정이 떠올랐다. 얼마 전 다녀온 두바이가 오버랩 되어 온다.

두바이는 하나의 큰 사막이다. 그 삭막한 땅, 그 사막 일부분에 인간들의 꿈을 영글게 만들은 곳이다. 어린왕자가 말한 "사막이 아름다운 것은 어딘가에 샘물을 숨기고 있기 때문이다"는 말을 되새겨 본다. 희망이 없는 사람에게 사막은 죽음이다. 그러나 생텍쥐페리에게 있어 사막은 새로운 우주이자 희망을 하나씩 실현해 나가는 오아시스였던 것이다. 비행사인 그는 하늘 위에서 죽은 사막을 본 것이 아니라 희망으로 용솟음치는 사막을 본 것이다.

매혹, 골프라는

두바이에서 변화와 희망으로 용솟음치는 오아시스를 보았다. 풀 한포기 나지 않는 사막 한가운데 푸른 파도가 물결치듯이 조성된 골프장을 보면서 이곳이 바로 생텍쥐페리가 말한 오아시스임을 알았다. 단 한 개의 빌딩도 같은 디자인을 허락하지 않는 두바이, 물 한 방울 나지 않는 이 사막에 빌딩을 올리고 그 빌딩숲에 세계적인 골프장을 만들었다. 이젠 많은 사람들이 두바이의 창의성, 감성, 변화, 도전, 희망을 배우러 몰려온다.

묻고 싶다. 왜 누구에겐 죽음이고 누구에겐 희망일까.

지금 이 겨울 눈 덮인 국내 골프장은 정말 죽은 것인지 묻고 싶다. 분명 눈 덮인 잔디밭 아래서는 푸른 꿈이 따뜻한 봄을 향해 힘차게 올라오고 있을 것이다. 어딘가에 감추고 있는 사막의 샘물을 찾기 위해 많은 사람들은 희망이라는 주소를 들고 떠난다. 막막한 사막에서 역경을 이겨낸 사람들만이 빛나 반짝이는 진주를 캐낼 수 있다. 남는자가 승리하는 것이고 버틴자가 살아남는다.

사막 위에 찬란하게 빛나는 도시 두바이에서 배운다. 죽은 희망과 살아 있는 희망의 차이를……

그리고 생각한다. 두바이 기적을 일궈낸 이들이 진정 '어린왕자'의 주인공이라고.

시련이 있다는 것은 그 뒤엔 반드시 꿈이 있음을 방증해 준다. 생텍쥐페리가 비행하지 못했다면, 그리고 두바이를 여행하지 못했다면 그 사막은 죽은 거와 마찬가지 이었을 것이다. 영원히 그 안에 존재하는 오아시스의 희망을 몰랐을 것이다.

골프장에 가면 모두가 시인·화가·가수가 된다

- 예술가에게 있어 자연은 가장 훌륭한 소재

그러고 보면 골프장은 모든 게 예술이다. 그래서일까요. 골프장에 가면 사람들은 시인이 되고, 화가가 되고, 가수가 된다.

국내 최고의 권위자, 골프장 조형 전문가 지화웅 대표가 부끄럽다며 직접 쓴 글을 보내왔다. 그윽한 향은 덜했지만 수줍게 써내려간 글들 속에서 예쁘게 피어난 야생화를 발견한다. 그래서 골프장의 아름다운 조형을 하나보다. 그는 골프장 조형을 함에 있어 기술적인 도면보다는 시각적 감각을 더 중요하게 생각한다. 마음에서 우러나오는 아름다움이 시키는 대로 한다는 것이다.

골프설계를 하는 추보현 대표도 손때 묻은 대학노트 한 권을 건네왔다. 골프장을 다니면서 쓴 시(詩)인데 읽을 만한지 봐달라는 것이다. 매끄러운 기교는 없지만 그의 시 속에는 맑은 물소리와 거친 풀잎 향기가 날아다닌다. 때 묻지 않은 진솔함이 육화 되어 있어 더 감동적이다.

유창현 박사, 그 역시 골프 코스를 설계한다. 그는 골프장에서 라운드를 한 후 인상 깊은 골프장을 화폭에 담는다. 새로 설계를 맡는 골프장도 먼저 그림으로 표현하기로 유명하다. 그가 그려내는 골프장 그림 안에는 투박함과 거칠지만 진정한 마음이 담겨져 있다. 그의 그림 속에는 기교로 감추지 않은 조금은 거칠지만 심장 뛰는 사랑이 있다.

　가수 남궁옥분 누님은 화가다. 그의 그림에는 항상 새가 산다. 골프장, 아름다운 풍경, 강렬한 누군가를 보고 그림을 그려도 꼭 그 안에는 새가 산다. 골프를 좋아하는 이유 중의 하나도 바로 새가 있어서 라고 말한다. 그러고 보니 골퍼가 가장 좋아하는 버디와도 상통한다. 골프장에 비료를 납품하는 칠순을 넘긴 김남희 대표는 지금도 150미터의 비거리를 내보내는 파워히터다. 그러나 그는 골프장에 가면 10대 소녀의 감성이 된다. 우연치않게 장민호에게 전화가와 전화를 바꿔 주었더니 그날 밤을 설렘으로 지샜다고 한다. .

　페르소나(persona), 아이러니(irony), 패러독스(paradox)같은 예술적인 용어가 없어도 충분히 감동이다. 골프장, 자연 속에서 발견해 내는 골퍼의 순수함이 있기 때문이다. 그래서 골프장에 가면 우리는 모두 시인이 되고 가수가 되고 화가가 된다.

　시시각각 변하고 바뀌는 계절과 풍경을 보고 그저 볼만 쫓는 골퍼가 되기보다는 아스라이 내려앉는 낙엽의 가벼운 비행을 보면서 시선 한 번 줄 수 있는 그런 골퍼가 되자. 계절에 맞는 노래 꺼내들고 흥얼거리는 것 역시 아름다움이다.

골프장에 가면 누구보다도 더 아름답고, 솔직하고, 때 묻지 않은 순수한 영혼을 가져보자. 이런 골퍼들로 아름다운 자연에 가득 채우고 싶은 욕망은 사치일까.

매혹, 골프라는

태국 골프 투어 중에 어머님의 임종 소식을 듣다

태국 골프여행 중에 어머님 임종 소식을 들었다. 떠나오기 전 어머님의 마지막 전화 음성 아직도 생생하다. 그래도 3개월은 더 사신다고 해서 떠나왔는데 갑작스런 이별은 두고두고 회한이 밀려온다.

태국 호텔에서 밤에 잠을 자려는데 이유 없이 불이 나가고, 그 더운 나라에서 추운 밤을 보낸 것도 이상하다. 그렇게 많은 전화를 했다고 하는데 왜 한통의 전화도 오지를 않았을까. 18홀 마지막 세컨 샷을 하려고 할 때 휴대폰 벨이 울렸다. 예사롭지 않는 벨 소리에 눈물부터 쏟아졌다. 이미 어머니와의 이별이 예견된 듯 했다. 왜 전화를 받지 않았느냐는 형의 노여움은 하늘을 찌르고 있었다. 막내아들 골프 치는 것을 좋아하시더니 마지막까지 아들 라운드 방해될까봐 18홀 마지막 샷까지 기다리셨나보다. 급히 일정을 접고 새벽 비행기로 서울로 돌아왔다.

마지막 임종 못 지켰기에 당신 가실 때 그토록 타고 싶어 하시던 캐딜락 리무진 태워드렸다. "나 하늘로 돌아갈 때 꽃상여 타고 갈수 있을까"라고 하셔서 눈부시게 푸른 여름날 꽃상여 태워드렸다.

여쭙고 싶다. 잠시라도 행복하셨는지, 만족스러우셨는지?

늘 남을 먼저 배려하고 사시느라 정작 당신은 항상 그 다음이었다. 늘 내가 손해 보고 살면 행복할 거라고 하시더니 마지막까지도 배려이었다. 그래서 살아생전 그것이 불만이었다.

당신이 돈이 없으면 옆집서 꿔다가 남에게 줘야 직성이 풀리셨고, 배고픈 사람에겐 자식보다 먼저 밥을 퍼줘야 행복해 하셨다. 당신은 정작 어머니 대접 받지 못하면서도 항상 "큰형에게 잘하라. 큰형이 아버지이다"라고 강조했다. 모든 재산을 가져 간 그 큰형은 어머니의 진심을 알까. 어머니의 바보스러움에 늘 화가 났다.

모전자전일까? 어느날 보니 똑같이 닮아 있는 모습에 헛웃음이 나왔다. 아마도 도와주고, 배려하려는 DNA는 부모님께 받은 것인가 보다.

갑자기 영면하셔서 발인까지 반나절 남아 부고를 알리지 않았다. 그럼에도 귀 동냥을 통해 넘어, 넘어 소식을 듣고 참 많은 분들이 찾아오셨다. 영국에서도 일본에서도, 부산과 멀리 남도 섬에서도 KTX를 타고 한걸음에 달려오셔서 애도해 주셨다.

"우리가 골프로 인연을 맺은 지 30년 가까이 되는데..... 항상 함께 나누려는 당신 모습 때문에 일요일 편히 쉴 수 없어 달려왔지요."

방송인 박미선 씨도 서울에 있는 교회를 갔다가 오후에 일산 집으로 가서 검은 정장으로 갈아입고 저녁에 들러 조문을 하고 손님들에게도 일일이 인사를 해줬다. 탤런트 이종원은 촬영하다 온 몸에 멍 투성이였지만 한 걸음에 달려와 주었다. 가수 박학기와 박승화는 바쁜 스케줄 속에서 서도 저녁 늦게까지 자리를 지키면서 애도를 함께 해줬다. 용원 골프장 최정호 부회장은 멀리 영국올림픽 성화 봉송 중에도 국제전화를 통해 직원을 보내 조문을 해주기도 했다. 발인 당일 새벽 타이틀리스트 이홍우 이사와 친구 이선근 국장의 마지막 조문도 참 오래동안 기억에 남아 있다.

골프로 맺어진 많은 인연 분들께서 반나절 동안 연락도 취하지 않았는데도 참 많이 와 주셨다. 이 모든 것이 착하게 살다간 어머님의 덕이 아닐까.

"앉은 자리가 부처님 자리이고 뭐든지 손해 보고 살라"고 하신 그 뜻이 이젠 소중한 유산이다.

태국, 골프 그리고 어머니의 임종은 평생 동안 잊을 수 없는 아픈 기억이자 많은 깨달음을 준 여행이었다. 아니 앞으로 골프와 그 인연에 대해 어떻게 섬겨야 하는지를 알게된 것이다.

어머니 더 이상 괜찮다고 하지 마세요

- 전 서원밸리 박영호 대표 모친 黃處之 여사님의 白壽(백수)연에 부쳐

아주 작은 빗줄기에도, 아주 작은 바람소리에도 당신은
골목 어귀로 먼저 달려오셨습니다.
행여, 잔기침이라도 할라치면 어머니 당신은, 먼저 아파하셨고
당신의 따듯한 손으로 어루만져주시며 하얗게 밤을 새우셨습니다.
어머니 감사합니다. 어머니의 눈물로 이렇게 잘 자랐습니다.

당신은 '괜찮으시다'며 늘 찬밥만을 고집하셨습니다.
그래서 어머니는 '물에 말은 찬밥'을 좋아하시는 줄
알았습니다.
살은 다 발라서 주시고 당신은 늘 생선뼈 차지였습니다.
그래서 어머니 당신은 '생선뼈'를 좋아하시는 줄 알았습니다.
어쩌다 동네 제삿집, 잔치 행사가 있으면 악착같이 다녀오셨습니다.
돌아오는 두 손엔 늘 잔치 음식이 한 가득이었습니다.
제가 배불러서야 '엄마도 먹어'하면 흐뭇한 표정 지으시며
'난 괜찮다. 배부르시다'고 하셨습니다.

나중에야, 아주 나중에야, 제가 자식을 낳아보고 알았습니다.
성가셔도 왜 제삿집, 잔치 집을 그리 억척스럽게
다니셨는지.....
어머니 감사합니다. 어머니 당신의 투박 손으로 인해
이렇게 잘 살고 있으니까요..

어머니 이제 더 이상 '난 괜찮다' '배부르다'는 소리 하지
마세요.
어머니 당신은 지금도 환갑이 된 자식이 배가 아프다고 하면
소아과로 달려가십니다.
어머니 당신은 아직도 차 조심하고 밥 굶지 말라 하십니다.
어머니 이제 조금은 알 것 같습니다.
그러니 더 이상 '난 괜찮다'는 말 마세요. 배부르시다는 말도요.

어머니!, 어머니!, 어머니!
세상에서 가장 위대한 이름입니다.
그리고 감히 사랑합니다.
어머니.......

소묘, 골프코스에 널려 있는 이 가을날의 풍경

이 가을 넉넉한 풍경이 있는 골프장으로 간다. 이 가을 만산홍엽 풍요로운 골프장으로 간다.

라이너 마리아 릴케는 가을의 풍요로움을 보고 그 뜨거운 여름의 위대함을 노래했다.

"마지막 열매들이 영글도록 딱 이틀만 남국의 따뜻한 날을 베풀어 달라"고 했다. 그리하여 그 무거운 포도송이에 마지막 단맛을 넣어달라고도 노래했다. 그 어떤 시련과 고난 속에서도 이 가을엔 성숙이 있어 더 의미가 있다.

우리나라처럼 이렇게 명징한 계절이 또 있을까.

돌담에 노랗게 익은 감과 입을 쩍 벌린 석류가 한낮 한가롭게 졸고 있다. 조락의 계절 시든 잎 위로 달덩이처럼 부푼 늙은 호박이 지붕 위에 정겹다. 가끔은 그 파란 하늘 위로 까마귀, 까치가 홍시를 쪼아 먹고 날아간다. 푸른 하늘 무심히 바라보면 그 파란 하늘에 비행기가 지나가며 남긴 일자 구름, 그저 바라보고 있으면 그냥 한 편의 동양화가 된다.

시골집 앞뜰에는 한가하게 가을 맨드라미가 피어 있고 바삐 움직이는 꿀벌들의 날갯짓이 햇살에 비쳐 눈부시다. 고추잠자리가 빨랫줄에 칸칸이 앉아 한 가을 대낮을 즐기고 있다. 크고 작은 코스모스들이 일제히 바람에 흔들리는 가을이다. 고구마 썰어 말리고, 무와 감, 호박을 담에 널어 말리는 풍경은 우리들의 추억을 소환시키는 가을이다.

이 가을 복잡한 도심을 벗어나 골프장으로 가다보면 우리의 삶의 풍경이 살갑게 보인다. 바쁜 틈을 내어 골프장을 가지 않는다면 어떻게 이런 유년의 풍경과 만날 수 있겠는가. 아니 우리가 살아가고 싶어 하는 가을풍경을 얻을 수 있을까.

산야는 온통 단풍과 황금빛의 오곡으로 뒤덮여 있고 벌써 잘려진 벌판엔 무성한 바람만이 지나간다. 빈 논밭 사이로 가끔 펄럭이는 폐비닐과 길양이가 지나가는 풍경은 왜인지 허전하다. 이 짠한 마음을 골프장 입구에 들어서면 잘 손질해놓은 가을 풍경들이 위로해 준다. 단풍나무, 자작나무, 플라타너스가 정갈하게 손질된 채 단정한 모습으로 붉게, 노랗게 물들어 있다.

코스 연못 안엔 가을 풍경이 가득 들어차 있다. 하늘과 단풍나무와 구름과 새들까지도 연못 안에 가득하다. 가끔 바람에 날아온 단풍잎이 호수에 내려 앉아 가을 풍경에 늦가을풍경을 더해준다. 그 맑은 가을 풍경 해저드 안에 담아두려는 순간 어디서 날아온 골프공이 풍경을 흩트려 놓는다. 이 모든 것이 골프장으로 가면 만날 수 있는 풍경이다.

가을이 되면 떠오르는 시조가 있다.

"영창 밖에 국화 피어 국화 밑에 술 빚어 놓으니/ 국화피고 술이 익자 구름과 새들까지도 연못 안에 가득 차 비춘다. / 가끔 바람에 날아온 단풍잎이 늦가을 풍경 달이 돋자 임 오셨네"

"구월 국화야 꽃 자랑 마라 시월 단풍에 다 떨어진다"

가을은 분명 선조들께도 선명한 계절이었나 보다. 선인들의 시조처럼 이 가을, 농익어 가는 가을 골프장에서 가을 앓이 한 번 쯤 어떨지. 획하고 스쳐 지나가는 가을 바람사이로 떠나보낸 첫 사랑의 기억을 끌어내면서.

'믹스커피' 한 잔이 ... 큰 울림 주는 사소한 동기

야구 기사 한 대목이 눈길을 끌었다.

김진욱 감독이 프로야구 kt의 사령탑 제의를 받고 한 호텔 커피숍에서 kt 사장과 단장을 만났다. 신기하게도 그가 감독 제의를 수락한 것은 다름 아닌 '믹스커피' 때문이었다. kt 사장은 잠시 자리를 비웠다. 김 감독은 '화장실을 갔나 보다'라고 생각했는데, kt 사장은 어디서 구했는지 믹스커피 한 잔을 가져와 내밀었다고 한다. 김 감독이 호텔 커피숍에서 주문한 아메리카노 블랙 커피는 마시지 않았기 때문이다.

김 감독은 "사소한 부분까지 챙기는 모습에 놀라움과 함께 감동을 받았다. '이런 분과 함께라면 일할 수 있겠다'란 생각이 들어 감독직 제안을 받아들였다"고 했다.

아주 작고 사소하더라도, 이 작은 동기가 큰 울림을 준것이다. 영화 '로마의 휴일'로 유명한 세계적인 배우 고 오드리 헵번이 배우로

발탁된 것도 아주 사소한 동기 때문이다. '촌뜨기' 오드리 헵번이 오디션 인터뷰를 마치고 나가면서 바닥에 떨어진 휴지를 쓰레기통에 넣는 것을 보고 그를 합격시켰다. 만약 헵번이 휴지를 쓰레기통에 버리지 않았다면 명배우가 탄생하지 않을 뻔했다.

미국 백화점의 선구자로 불렸던 워너 메이커는 손님에게 욕을 해투서가 날아온 한 직원에게 "자네 어머니가 아프시다고 들었는데, 그 때문에 자네가 실수를 했나 보네. 어머니를 위해서 돈과 휴가를 줄 테니 다녀오게"라는 말을 했다. 그 직원은 하염없이 눈물을 흘리면서 반성했고, 그 뒤 가장 열심히 근무 했다고 한다.

아주 작은 것이 큰 것을 움직인다. 우리가 골프 라운드를 하면서 상대방의 단점 보다는 사소한 부분을 기억해주고 칭찬해준다면 좀 더 각별해질 것이다. 보통의 경우 지적하고 흉보고 잘못된 자신의 행위를 방어하는 경우가 많다.

골드 코리아 골프장 이동준 회장은 파격적인 직원 기용으로 유명하다. 인사 잘하는 골프장 입구 경비원을 총무과에 부장으로 채용했고, 10년 넘게 성실하게 근무한 운전기사의 보직을 경기과 직원으로 변경해준다. 그 이유를 이회장님께 물었더니 "누구든 내 앞에서는 잘하려고 한다. 하지만 꾸준하게 잘하기는 어렵다. 평소 내가 안 보이는 곳에서 진짜 직원을 발견한다. 가령 코스에 떨어져 있는 담배꽁초를 그냥 지나치는 직원이 있는가 하면 반드시 주워서 버리는 직원이 있다. 담배꽁초처럼 사소한 것을 다루는 모습에서 성실한 직원이냐, 아니냐를 판단할 수 있다"고 설명했다.

왼손잡이 골퍼가 식당에 갔을 때 그 것을 기억하고 왼쪽에 수저를 세팅해 줄 때 그 감동은 배가된다. 아무리 맛있는 빵일지라도 가운데부터 먹을 수는 없다. 아주 작지만 사소한 것부터 시작하고 또 그 것을 기억해 주는 사람에게 우리의 마음은 기울기 마련이다. 앞으로는 아주 사소한 것을 기억하는 골퍼가 되도록 노력해 보자.

매혹, 골프라는

오크밸리 골프장의 내밀한 '숲 이야기'

- 故이인희 고문님에게 보내드린 자연story.

1.

"너도 아프냐?" / "나도 아프다!"

자연도 우리처럼 아픕니다. / 모든 것은 생명이 있기 때문입니다.

사람도 자연의 일부입니다.

자연을 사랑한다는 것은 / 자신을 사랑한다는 것입니다.

자연을 들여다보면 까마귀는 독수리가 되려 하지 않습니다.

개구리는 자기가 사는 연못의 물을 다 마셔버리지 않습니다.

자연이기 때문입니다.

지금은 자연과 눈 맞출 때... / 자연은 우리 미래의 길입니다.

그 자체가 답일 때 / 따로 해답을 찾지 않아도 됩니다.

그것이 자연입니다.

그리고 자연입니다.

2.

정원이 있습니다.

꽃과 싱그러운 나무들을 볼 때마다

너희들도 참 바쁘게 살았구나를 깨닫습니다.

바쁘다는 핑계로 시선 한 번 주지 않았습니다.

그래도 참 예쁘게 핀 꽃을 피워냅니다.

나의 욕망과 채움에 탐닉하고 있을 때

모든 것을 내어주고도 붉게 노랗게 꽃을 피워냅니다.

가장 절망스러운 순간에도 꽃은 피어납니다.

여린 잎 피어나 수백, 수천의 손바닥 같은 잎으로 자라

하늘을 가립니다. 하늘을 가리는 자연이 감동입니다.

잎이 가지를 사랑하고 / 가지가 잎을 사랑하여

그리하여 자연이 되고 깊은 뿌리를 내리게 하는

그것이 바로 자연이며 살아가는 것입니다.

씨앗 속에 숨겨져 싹으로 피는 봄.

매미 울음으로 번져가는 여름의 꿈.

천둥과 번개가 수 만 번 지나간 가을의 열매.

채움과 비움을 끌어 안은 겨울나무의 단단한 꿈.

그 모든 것들이 지금 오크밸리 안에서 일어나고 있는

놀라운 일들입니다. 매 시간, 매 초 기적이 만들어 지고 있습니다.

어느 홀에 어떤 꽃이, 어느 나무가 있는지를
기억하고 있는 이인희 고문님은 분명 수백, 수천을 이어오게
만든 바로 자연지킴이가 분명합니다.
아니 이 고문님의 자연사랑이 새로운 자연을
만들어 내고 있습니다.
- 오크밸리를 가장 사랑했던 고 이인희 고문님을 추억하면서.

아우슈비츠 수용소, 소녀의 깨진 인형을 생각하다

아우슈비츠 수용소엔 예고도 없이 비가 내린다.

18C 어느 후미진 폴란드의 뒷골목에서 걸어 나올법한

검은 바바리와 덥수룩한 수염이 잘 어울릴 것 같은 7월

어느 스산한 아침에.

그 남자에게 한 잔의 에스프레소 커피를 건네고 싶을 만큼의

적당한 무게로 비가 내린다.

내가 알고 있는 강성창 시인은

'비가 내리는 것을 보고 피가 내린다"했다.

지금 세상에 내리는 비는 비이지만 지금 이곳에 내리는

비는 피이다.

죽음으로 안내하던 철도는 그때도 지금처럼 잘 닦여 반짝였을까.

돌아가려고 손 내밀어도 돌이킬 수 없는 평행의 철로......

캐나다 드림에 젖어 150만명의 들뜬 발걸음들이

꿈결처럼 플랫폼에 내려 졌을

브제친카, 제2 수용소 역. 그때도 지금처럼 비가 왔을까.
브제친카 4블록 1층 6호실에 전시돼 있는
'머리가 깨진 인형'의 주인인 소녀도
플랫폼에 내려졌을까?
그 무서운 공포를 인형에 의지하며 아무것도 모른 채
엄마의 손을 잡고 들어갔을 것이다.
샤워실의 물이 쏟아지기만 바랐던 소녀의 파란 눈.
물줄기 대신 질주하듯 쏟아지는 '사이클론 비(B)',
독가스가 피처럼 내렸을 것이다.
"엄마 무서워, 빨리 나가자 응!"
"아가! 다음 세상엔 꼭 유대인으로 태어나지 마. 알았지"
잠시 눈을 감고 슬픔을 애써 목젖 아래로 밀어 넣는다.
죽음의 플랫폼. 그 안 밟혀 깨진 인형과 푸른 눈의 소녀는
어찌되었을까.

지금은 다만 바람만 분다.
그리고 들뜬 관광객들의 발걸음 소리만 있다.
관광객들은 머리가 깨진 채 전시되어 있는 손때 묻은
인형엔 관심이 없다.
그저 150만 명 죽음 중에 또 한 명이라는 듯 무의미하게
 7호실로 걸어간다.
이들의 등에 떠밀려 나도 7호실로 간다.

6호실과 멀어질수록 더 선명해지는 소녀의 깨진 인형.
아프다. 그냥 아프다. 숨 쉬기조차 힘든 알갱이 들이 목을
조여 온다.
저 인형의 주인인, 소녀는 이제 칠순이 넘었겠다.
저 깨진 인형도 이제 환갑이 넘었겠다.

나도 이들처럼 150만 명 중에 한 명의 죽음으로 생각하면 되는데.
저 인형의 소녀가 그립다.
150만 명의 죽음과 맞바꾼 머리를 잘라 만든 카페트와 가발을 보며
놀라워하면 되는데.
유대인 머리카락은 이렇게 생겼구나 하면 되는데.
150만 명의 신발과 가방과 옷은 영혼으로부터 빠져나와
구겨진 채로구나 하면 되는데.

나는 6호실 소녀에 계속 머물러 있었다.
소녀는 울었을까, 공포에 질려 울지 못했을까.
처음엔 웃었을 것이다. 캐나다로 가는 부푼 꿈에
적어도 플랫폼에 내리기 전까지는.......
최소한 인형의 머리가 깨지기 전까진.

'낯설게 하기' 낯선 사람들과 골프…
성찰·진화의 시간

문득 '낯설 움'이란 단어가 떠오른다. 전혀 친분이 없었던 세 사람과 처음 만나서 와인을 마셨고, 두 번째 만남에선 골프를 쳤다. 이찬우라는 분은 미국 샌디에이고에서 정보기술(IT) 사업을 하는 40대이고, 오승룡 이분은 목재 사업을 하는 50대, 그리고 윤해섭 이분은 면화 수입 사업을 하는60대이다. 나이도, 직업도, 종교도 모두가 각각인 사람들끼리 만나 와인을 마시고 골프를 쳤다.

결코 쉽지 않은 만남이다. 그것도 2번째 만에 골프를 한다는 것은 더 쉽지 않다.

'낯설게 하기란' 문학적 용어가 있다. 러시아 형식주의자들이 사용한 기법으로 보통 자동적이고 습관화된 우리의 지각의 틀을 깨, 의도적 '낯설게 하기'를 통해 신선함을 자극하는 것을 말한다.

그러고 보니 우린 참 너무도 익숙한 것을 습관적으로 반복하고 있다. 늘 만나던 사람을 만나야 편하고, 늘 다니던 식당을 가야 안심하

매혹, 골프라는

는 것처럼 말이다. 그러나 가끔 우리의 삶에 '낯설게 하기'가 필요하다는 것을 이번 만남을 통해 배웠다.

좋은 날씨가 계속되면 세상은 모두 사막으로 변하는 것처럼 늘 만나던 사람만 관계하는 것은 좋은 날 뒤의 사막과 같을 것이다. 한 분은 와인에 대한 다양한 지식과 겸손이 몸에 배어 있고, 또 다른 한 분은 별로 말씀이 없지만 묵묵히 남의 말을 경청하려는 배려가 엿보인다. 그리고 또 한 분은 해박한 지식을 다양하면서도 깊이 있게 전달해 준다.

늘 익숙한 사람들과의 골프는 습관적인 생각과 행위로 끝난다. 하지만 새로운 만남의 라운드는 긴장과 상대에 대한 존중이 더 깊다. 전혀 낯선 각각의 4명이 만나 행복한 라운드를 할 수 있었던 것은 바로 낯선 만남이 있었기에 가능했다. 서로에 대해 알아가기, 배려하기, 그리고 배워가기가 이번 낯설은 만남을 완성키긴 것 이다.

적당한 긴장과 스트레스는 인류를 발전시킨다고 했다. 우리의 뇌는 익숙한 것을 근본적으로 싫어한다. 하지만 익숙한 것에 쉽게 안주하려는 본능은 강한 것이어서 자꾸 낯선 것을 거부한다. 외지인에 대해 배타적인 토박이도 그 의미에 닿아 있다. 익숙해진다는 것은 곧 무의식적인 행동으로 이어질 수 있다.

사람 관계가 무의식적으로 이뤄지는 것만큼 지루한 일이 또 있을까.

그래서 하이데거는 "낯선 것과의 조우를 통해서 이성이 시작 된다"고 했다. 다시 말해 낯선 것과 조우하지 않으면 새로운 생각을 하기 어렵다.

인간은 누에고치처럼 고치를 짓고 자기 집에서만 안주하고 살 수 없다. 고치를 뚫고 나와야 새로움과 만나야 하고 그를 통해 성찰과 진화를 이뤄낼 수 있다.

낯선 세 분과 와인과 이야기를 통해 교감을 했고 골프를 통해 성찰과 발전을 만들어 냈다. 그리고 더 알아가고 싶은 호르몬이 온 몸을 자극해 그 만남이 행복하다. 자주는 아니더라도 가끔 골프장에 갈 때 의도적 '낯설게 하기'를 통해서 새로운 변화와 행복을 만나보는 것을 추천해 본다. 새로움은 묘한 기대치가 있다.

쉼 없이 달려온 인생, 뒤돌아보니 "삶이 저 파도와 같네"

- 무학그룹 최위승 회장 가족의 따뜻한 골프 이야기

초겨울 초입에 따뜻한 햇살 받으며 부산으로 향했다. 커피와 베이글을 시켜 한 입 문다. 비행기를 타려면 30분의 여유가 있다. 바쁜 일상을 훌훌 털어버리고 떠난다는 것이 홀가분함도 있지만 동시에 불안이다. 바쁘게 돌아가는 현대인의 삶에 너무도 익숙해져서인가 보다.

사랑하는 아우 최정호 부회장(용원. 아라미르 골프장)이 보고 싶다는 전갈이 왔다. 부산 해운조선호텔로 향한다. 겨울바다엔 한여름 같은 열정은 없었지만 한적한 낭만이 있었다. 적당한 시간이 밀려왔다가 밀려가는 파도가 있어 그래도 바다가 외롭지 않아 보였다.

"팔십 평생 살아 보니 내 뜻 따라주고 내 맘 알아주는 자식이 제일 좋더라. 삶이라는 것이 저 앞 파도처럼 보이다가 사라지는 것 아니겠나."

해운대 앞바다의 같은 파도를 보고 계시던 최위승 전 무학그룹 회

175

장(최정호 부회장 아버님)께서 말씀하신다. 그동안 숨 가쁘게 살아온 당신의 삶을 수 억 년 간 밀려왔다 밀려가는 변함없는 해운대 파도에 비유하신다. 그저 앞만 보고 달려온 삶을 뒤돌아보니 내 가족만큼 소중한 것이 없으며 내 마음 알아주는 자식만큼 고마운 일은 없다신다. 그 맘 알아주는 자식 정호가 있어서 더 행복하시다고 말씀하시는 그 마음 알 것 같다.

"그런데 내 평생소원이 우리 정호가 어디 가서 한 번 잘 얻어먹고 왔다는 소리를 들어보는 것이라"고 하신다. "회장님!, 정호 부회장이 이리 마음 따듯하고 배려와 덕을 쌓고 살았기에, 주변에 좋은 친구와 지인 그리고 사업도 잘되는 거 아니겠습니까"라고 했다.

그날 부산을 간 것은 아버님 팔순에 축하영상과 행사를 해드리기 위해서였다. 이후 미수 행사도 똑같이 해드렸다. 구순 나아가 백수연까지 행사를 해드리고 싶은 마음이다. 아버님은 골프를 통해서 삶에 대한 겸허함과 남을 위한 시간과 생각을 많이 갖게 되었다고 말씀하신다. 골프가 단순히 즐기는 스포츠가 아니라 그래서 깨달음의 운동이라고 하신다.

우리나라 골퍼들이 골프의 소중함을 모르는 것이 아쉽다고 한다. 골프장에서 함부로 버리는 담배꽁초, 함부로 대하는 시설물 등 자연을 좀 예쁘게 봐주면 좋겠다고. 당신은 골프장 다니면서 지푸라기 하나도 쉽게 버리지 못하겠다고. 열심히 코스를 가꾸고 청소하는 코스 직원들보면 더 그런 마음이 든다는 것이다.

최 부회장 어머님도 한 말씀 거드신다.

"며칠 전 골프장에 갔을 때 캐디 A양은 참 친절하고 어찌나 대꾸도 잘해 주고 시선을 맞춰 주는지 너무 예쁘다"고 말씀하신다. 반면에 "어떤 캐디는 말도 짧고 퉁명하고, 귀찮은 투여서 4시간 동안 함께 있으려면 마음이 불편해 골프도 잘 안 된다"고 하신다. 하지만 어머님께서는 이마저도 감사하고 행복한 일이라신다. 건강해서 골프장에 갈 수 있는 것만으로도 선택받은 인생이라며 수줍게 웃으신다. 그래서인지 어머님은 골프장에서 가장 친절하고 가장 따듯한 골퍼로 소문이 나 있다. 하지만 이 친절하고 따듯한 최 부회장의 어머님은 얼마 전 작고 하셔서 우린 너무도 아름다운 골퍼 한 분을 보내드려야 했다.

기왕 사람으로 태어났다면 존경받고 인정받아야 하지 않을까. 기왕 골퍼로 시작했다면 누구에게도 환영받고, 사랑받아야 하지 않을까.

최위승 회장님은 지금 구순의 연세에도 드라이버를 170미터나 날리며 매일 에이지 슈터 (age shooter:자신의 나이와 같거나 적게 치는 스코어)를 거의 매번 하신다. 누구에게 욕 한 번, 상처 한 번 안 주려고 노력해 온 삶 이제 골프나 치면서 모두에게 돌려주고 싶다는 그 이야기가 가슴에 와 닿았다. 정말 골프는 이렇듯 삶의 희노애락과 닮아 있어서 예정없는 감동과 철학을 준다.

어릴적 아버지가 넉넉한 안락의 그늘을 제공했다면 지금은 그 아들이 아버지의 버팀목이 되어서 그늘을 제공하고 있다. 부자가 그린을 향해 한 방향으로 함께 걸어가면서 "이만하면 잘 살았지?" "네 감사할 뿐입니다"라는 말을 주고받을 수 있는 골프가 있어 다행이다. 만약 골프가 없었다면... 이 가족의 아름다운 이야기도 몰랐을 것이다.

'새술막길' 아름다운 골프장으로 가는 길

초겨울이 갸웃거리는 11월 하순, 느닷없이 춘천으로 향했다.

경춘고속도로 남춘천IC를 빠져 나와 더 플레이어스 골프장 길로 접어들었다. 한적한 농가 풍경이 눈에 들어온다. 바람도 겨울 납빛으로 찢어진 비닐 속을 돌아다니고 있다.

가을걷이를 끝낸 들판엔 하얀 천에 싸인 볏짚들이 허전을 메우려는 듯 동그마니 서있다.

'춘천시 동산면 새술막길…' 그렇게 5㎞만 가면 골프장이었다. 순 우리말의 지명 '새술막길'이 정겹다. 새로 이루어진 술막(술집)이란 뜻이다. 왜 새술막길인지 골프장으로 가면서 알 것 같다. 옛날 옛적에 이렇게 적막하고, 사는 이 하나 없으니 이 산을 넘으려면 적어도 주막 하나쯤은 있어야 했을 것이다. 너무도 고요해 차 창문을 열어본다. 바스락거리는 낙엽과 졸졸 흐르는 시냇물, 그리고 억새가 뒤척이는 소리가 들려온다. 좀 전 100㎞로 급하게 달리던 춘천 고속도로와는 사뭇 다르다. 속도를 줄이고 천천히 새술막길의 정취를 한껏 느낀다. 민가 하나 없는 자연에 스며들고 싶다. 골프장에 도착해서야 민가 몇몇이 비로소 보였다. 골프장 가는 길이 이토록 적막하고, 고요하고, 아름다워 하마터면 지금 내가 어디로 가고 있는지 목적지를 잃을 뻔했다. 아니 모든 것을 잊고 이대로 증발해 버리고 싶었다.

원시의 풍경을 지나자 '더 플레이어스CC의 주인공은 바로 당신입니다'란 문구로 반긴다. 옷을 갈아입고 자연 속에 포근하게 들어앉은 골프 코스를 따라 천천히 앞으로 걸어가 본다. 멀리 좀 전에 내려왔던 새술막길이 보인다. 마치 어머님의 가르마처럼 놓인 길, 아버지의 대님처럼 놓여 있는 산마루 그림 같은 길을 코스에서 천천히 감상해 본다. 그러고는 이내 산마루 위로 노을이 점차 들어앉았다. 땅속 깊이에서 빨아 올린 붉은 빛들이 뭉크의 절규보다도 더 아름답게 골프장을 배경으로 펼쳐지고 있었다.

한참을 그렇게 서서, 한참을 아무 말도 없이 바라보며 자연에 스며든다. 고독이라는 것이, 그리움이라는 것이 밀려온다. 저 풍경 안으로 뛰어 들어가 그림이 되고 싶다. 그 안에 있는 모든 것들과 교감하고 싶어진다.

500년 전으로 돌아가 과것길, 길손들을 맞았을 것 같은 새술막길에서 그냥 실종되고 싶었다. 우리나라엔 강을끼고 가는 강촌 엘리시안 골프장을 비롯해 이토록 아름다운 골프장 가는 길이 많다.

묻고 싶다. 당장 생각나는 골프장이 있는지. 우린 너무도 바쁘게,

급하게 살아가고 있고 골프 볼만 쫓기에 이 아름다움의 주체를 잃어버리고 살고 있는지 모른다.

　오늘 이 아름다운 적막하고 고요한 새술막 길에서 스스로의 실종을 신청해본다.

짧아서 가을이다

벼 밑동만 남은, 가을 벌판
짧아서 가을이다.

핏기없이 겨우 매달려 호흡하는
미류 나뭇잎.
불안해서 가을이다.

예고 없이 몰아친 바람에 들춰진
몸뚱아리.
허전해서 가을이다.

비스듬히 비추는 오후 햇살이 번져오는 서울시청 신청사.
구경 온 아이가 "와! 괴물이다. 메뚜기 같아"
이상해서 가을이다.

개인회생 법에 날아간 내 아파트 "구해준다"는 말에
태어나 처음 교회에 가, 기도하는.
간절해서 가을이다.

벼는 없고 밑동만 남아서.
버겁게 버티며 잔 호흡만 남은.
속 절 없이 매서운 바람 맞고 있는.
돈과 예술의 상징, 서울시청이 아이에겐 괴물.
억울하면 법에 호소하고, 안되면 기도를 강요하는.

2013년 10월31일
짧아서 가을이다.

골프는 화두다

— 원효대사. 아이다호. 삼포로 가는 길. 시골다방. 엘비스 프레슬리

늘 4차원이라고 놀리는 한 지인이 불쑥 화두를 던진다.

"왜 사람들은 산에 올라가죠? 내려올 것을 알면서, 왜 사람들은 골프장을 가죠? 돈 들이고 스트레스 받으면서…."

늘 철학처럼 살고 있는 또 다른 지인이 반사적으로 툭 받아친다.

"당신은 몰라. 삶을, 열정을 그리고 비우는 방법을…."

아주 짧은 문답이었지만 그 안에 모든 것이 들어 있었다. 전라도에서는 '거시기!' 하나로 다 통하듯이 '왜 떠나는지', '왜 가는지'를 말하지 않아도 알 것 같았다.

사람들은 떠나고자 한다. 살면서 늘 울타리만 세우던 사람들이 틈만 나면 떠나고자 한다. 울타리 안에 나의 욕망만 키워 나가던 삶에 회의가 느껴 질 때가 있다.

알 수 없는 일이다. 내리쬐는 뙤약볕 아래서 허리 한번 펼 시간도 없이 뛰어왔기에 너무도 허망한 것들이다. 그래서 떠나려한다. 캄캄

한 밤 목마름을 축이기 위해 마신 해골바가지 속의 물의 깨달음을 떠나지 않았다면 몰랐을 것이다. 목을 축인 그 시원함의 카타르시스는 진정 떠나지 않았으면 모를 일이다. 이 떠남이 원효대사를 만들었다.

'아이다호'란 영화가 있다. 미국 젊은이들의 좌절과 희망을 다룬 로드무비다.

'삼포로 가는 길'이란 소설이 있다. 삶에 지친 사람들이 떠남을 통해서 찾으려는 이상향 그것이 삼포라는 역설로 반증한다.

'엘도라도, 이어도, 아틀란티스, 샹그릴라, 무릉도원…'

모두가 다 떠나야 만날 수 있는 이상향이며 깨달음이다. 그렇다고 누구나 만나고 깨달을 수는 없다. '떠난다는 것, 행 한다'는 것은 얻으려 함이 아니라 버리기 위한 몸부림이고, 잃어버린 나를 찾기 위함이다.

골프에서 홀인(hole in)을 하기 위해서는 반드시 볼이 지나가도록 쳐야 한다는 평범한 진리가 있다. 그걸 알면서도 늘 홀보다 짧게 퍼트하는 경우가 다반사다.

그렇다. 힘이 들고 돈까지 써가면서, 다시 돌아올 귀찮은 일이지만 우린 떠나고자 한다.

나를 버리고 새로운 나를 만나러 간다. 떠남은 스스로 노력한 자에게 와 열매를 맺고 달콤한 깨달음을 준다. 그래서 산에 오르고 그래서 죽어라 하고 골프장엘 간다. 늘 떠나고 돌아오지만 항상 공허함뿐이다. 다만 무심코 코끝을 할퀴고 지나가는 매운바람에 겨울

채비를 해야겠다는 자연의 순리만을 깨닫고 돌아온다. 가끔은 이별한 옛 애인의 뒷모습을 가을 골프장 떨어지는 단풍잎에서 발견하기도 한다. 또 때로는 간이역 플랫폼에서 검은 외투를 입고 하얀 증기를 뿜어내는 기차를 떠올리며 흑백의 추억 사진을 떠올리기도 한다. 물론 지나가던 시골 다방 낡은 스피커에서 흘러나오는 엘비스 프레슬리의 노래도 떠나야 만날 수 있음이다.

그래서 추억은 아름답다. 떠나지 않고는 그 어떤 것과도 만날 수 없다. 그래서 골프장으로 간다. 그 곳에 가야지만 나를 찾을 수 있다. 떠나고 돌아오는 삶은 그래서 화두다.

매혹, 골프라는

골프, 처칠과 오프라윈프리, 최경주의 공통점
"절대 포기란 없다"

골프를 치면서 우린 너무도 쉽게 "에이! 내일부터는 골프 절대 안 쳐", "골프채를 부러뜨리고 말거야"라는 말을 자주 한다. 물론 화가 나서 흔히 내뱉는 말이지만 '피그말리온 효과'처럼 부정은 늘 부정을 낳기 마련이다. 그렇게 해서 18홀 동안 성적이 좋아질 리 만무하다. 이미 기분부터 침잠하고 본인은 물론 동반 플레이어 기분까지도 찜찜해진다.

골퍼 대부분은 유난히 투덜거리고 불만이 많은 골퍼와는 플레이하고 싶어 하지 않는다. 상대를 배려하고 함께 교감하려고 하는 것이 골프 정신이다. 조금 안된다고 해서 쉽게 포기하고 막말하고 화낸다면 그 골프의 결과는 뻔하다.

세계적으로 가장 말을 잘한다는 영국의 윈스턴 처칠은 노년에 모교에서 연설을 한 적이 있다. 교장은 학생들에게 이처럼 훌륭한 선배의 연설을 모두 받아 적으라고 호들갑을 떨었다. 하지만 처칠은 단상에 올라 아주 간단하게 명연설을 하고 내려왔다.

"절대, 절대, 절대 포기하지 마십시오"

그렇다. 골프이던 삶이 던 가장 중요한 요소는 포기하지 않는 것이다. 골프만큼 민감하고 마음대로 되지 않는 운동은 없다. 우리의 삶만큼 뜻대로 되지 않고 쉽게 달콤함을 주지 않는 것도 없다. 그럼에도 많은 사람들은 골프를 계속 치고, 쉽게 삶을 포기하지 않는다.

미국의 여성방송인 오프라 윈프리는 "내 인생에 실패 따위는 없다. 나는 그런 것을 믿지 않는다"고 했다. 그녀는 사생아로 태어나 아홉 살 때 사촌에게 성폭행을 당했고 마약에도 빠졌다.

그러나 그녀는 절대 포기하지 않고 107kg이던 몸무게를 2년 만에 68kg으로 줄였고 흑인 최초로 '보그'지 패션모델이 되기도 했다.

자신을 비관하고 포기했다면 지금의 오프라 윈프리의 '오프라이즘(Oprahism)'은 없었을 것이다. 최경주 역시 "한 번도 포기를 생각해본 적이 없다"고 했다. 포기하면 곧 모든 것을 잃은 것이고 할 수 있는 것까지 실패가 된다.

그러니 앞으로는 골프장에 가서 "골프 왜 이렇게 안 되지?", "다시는 골프 안쳐!" 대신 "더 좋아질 거야!", "내일은 잘 맞을 거야"라는 말을 자주 하면 좋겠다.

덴마크의 철학자 키르케고르는 "성공을 막는 가장 무서운 병은 쉽게 절망하는 버릇"이라고 했다.

포기라는 무서운 병에 우리 스스로 전염되지 말자. 우리의 삶은 골프는 생각하는 대로 가기 마련이다. 기왕 하는 거 기분 좋게 마무리하는 것이 좋은 거 아닌가.

—

문득 그리움이다. 추억이다.

문득 그리움이다. 추억이다. 시간이 흐른다. 추억이다.

만나면 자꾸 지난 일을 많이 말한다. 추억이다. 언제부터인가 내일보다는 어제를, 미래보다는 옛날을 더 많이 끄집어내고 있다. 추억이다. 살날보다 갈 날이 더 가까워졌다는 방증일 것이다. 다급해진 그 가을 끝자락이 보이는 듯하다. 지나간 일을 생각하는 것을 우린 추억이라고 말한다. 그런데 왜 추억은 슬픔보다는 아름다움이 더 짙을까?

골프장 구석으로 몰려있는 낙엽을 보면서 함께 골프를 친 지인들이 남일 같지 않다고 말한다. 마치 저 낙엽이 자신 같다고 말한다. 우울함이 스며들 사이도 없이 한 지인이 어느 가을날 소녀에게 말 못했던 그리운 추억을 쏟아낸다. 이내 골프장을 빠져 나오며 금방 사춘기의 풋풋한 까까머리 시절로 돌아간다.

가수 박학기, 강인봉(자전거탄풍경), 박승화(유리상자) 이 세 명이 만들어 내는 '서정시대'라는 콘서트를 갔다. 풋풋한 청춘에서 이제는 흰머리가 희끗한 중년들이다. 공연장을 찾는 관객도 참 많이 함께 늙어가고 있었다. 자연의 진리이다. 그래서 중년이고 그리움이고 추억이다.

십년 전, 이십년 전, 삼십년 전 이들의 히트곡과 중년들이 좋아하는 대학가요제, 추억의 팝송을 추억하러 온다. 8세 때 마징가Z를, 10세 때 '작은 꿈'을 부른 작은별 가족 출신 가수 강인봉이 벌써 지천명하고 한참을 지났다. 그 초롱초롱한 눈으로 불렀던 '작은 꿈'과 '마징가Z'가 흘러나오자 중년의 관객들이 들썩인다. 아니 중년이 아니라 이미 완벽한 추억의 동심으로 돌아가 있었다. 저 추억을 어찌 억누르고 살았을까 가슴 뭉클했다.

공연이 끝나고 한 자리에 모여 이내 마르지 않는 추억을, 아름다운 노래를 밤이 새도록 이야기했다. 그랬다. 추억이 없다면 그리움은 없는 거다. 그리움이 없다면 세상엔 감동이 없는 거다. 감동이 없다면 세상 살맛이 나겠는가.

추억은 내일을 살아가는 에너지이고 꿈을 실현해 나가는 지질시대에 형성된 석유와 같다. 추억과 설렘, 그리고 꿈을 많이 꾸었으니 이 리듬으로 다음에 골프나 치자고 말한다. 누가 골프 약속을 거절할 수 있을까. 모두가 머리를 끄덕인다,

살면서 추억만큼 아름다운 것은 없다. 추억이 흘러간다고 한다. 리듬이다. 골프에 있어 가장 중요한 것은 리듬이다. 리듬은 그리스어로 흐른다는 뜻이다. 그 리듬을 우리 지인들은 추억을 통해서, 음

악을 통해서 배웠다. 아니 골프를 통해서 음악과 추억의 소중함을
얻었다.

　오늘이 지나면 또 다른 추억이 생겨날 것이다. 그러고 보니 골프
와 음악 참 많이 닮았다.

'K-팝'을 따라 부르던 태국 골프장 캐디들

태국 파타야 근처에 있는 파타나 골프장을 다녀왔다. 이곳은 시암, 피닉스와 함께 파타야 3대 골프장으로 평가받는다. 이곳 골프장에서 특별한 경험을 했다. 외국 골프장에 나가면 휴대전화 안에 저장돼 있는 음악을 자주 듣는다. 이날도 적당한 음량으로 노래를 즐겼는데, 노래의 대부분을 캐디가 따라하는 것이었다. K-팝의 인기는 익히 알고 있었지만 대부분의 노래를 따라하는 것을 보고 깜짝 놀랐다.

캐디에게 K-팝을 좋아하냐고 묻자 "까악!" 하고 소리를 지르더니 '빅스' 'BTS' '비투비' '세븐틴' 등을 줄줄이 입에 담았다. 심지어는 캐디 4명이 함께 빅스의 노래 '판타지'를 합창했다. 이후 BTS '봄날'이 나오자 역시 4명이 마치 연습이라도 한 것처럼 화음을 넣어가면서 불렀다. 그러고는 "돈을 모아 꼭 한국에 가고 싶다"고 입을 모았다. 그 중 '야다'라는 캐디는 "김건모의 '미안해요' 노래까지 알고 있었다. 마침 빅스의 사인CD가 있길래 건넸더니, 옆에 있던 캐디가 눈물을 글썽이면서 자기도 갖고 싶다고 울먹였다. 계속해서 갖고 싶다고 한다. "한국에 돌아가면 꼭 보내주겠다"고 약속하자 "K-팝 최고!"라고 말한다.

한국에 돌아와 빅스, 세븐틴, 비투비 사인시디 등을 태국 골프장으로 보냈다. 잘 갔을 것으로 믿었던 그 소포가 한달 만에 다시 돌아왔다. 나중에 알았지만 태국은 CD같은 전자 물품에 관세가 붙어서 이를 수령하려면 돈을 내야했다. 아무래도 부담이 돼서 돌려보낸 듯 했다. 결국 나중에 직접 가서 전달해 줬던 기억이 있다.

외국에 나가 한국인이라는 자긍심을 K-POP을 통해 느껴본다. 그 수많은 정치인이 태국을 다녀가고 해외를 다녀와도 한국이라는 나라를 기억해 주지 않는다. 하지만 가수, 연기자 등으로 인한 한류는 한국을 알리는 최전방에 서 있다.

10년 전 터키를 갔을 때가 생각난다. 터키 안탈리아에 있는 아스펜도스 원형극장에서 공연을 보고 있었고, 한국인이라고 인사하자 터키 여성이 악수를 청해왔다. 이 여성은 "삼성, 현대, LG에서 좋은 전자제품과 자동차를 만들어줘 편하게 살고 있다"며 "감사하다"고 말했다. 벅찬 가슴을 무어라 형언할 수 없었다. 그 여성에게 한국 대통령이 누군지 아느냐고 묻자, "전혀 모른다"는 답변이 돌아왔다.

한국미래 산업은 한류문화가 이끌어갈 것이다. 정치인들이 못하는 것을 가수, 드라마, 영화, 패션이 해내고 있다. K-팝을 처음에는 유럽과 미국에서 군무(群舞)라고 비아냥거렸지만 지금은 유럽과 미국에서 K-팝을 보러 비행기를 타고 날아온다.

한국 사람이라서 좋다며, K-팝을 따라 부르는 태국 골프장의 캐디들을 보면서 더 좋은 한류가 전파되기를 앙망하게 됐다. 다음엔 좀 더 많은 한류 사인CD를 들고 가려 한다.

하와이 아리랑

- 사탕밭의 블루스

그리웠을 것이다.
아니 외로웠을 것이다
낯선 야자수와 흙내음 바다마저도 낯설게
몸서리치며 뒤척거렸다.

사방이 온통 바다인탓에
파도 소리를 끌어안야만
그럭저럭 잊을 수 있었을게다.
쓰린 정신을 위해서라도
달디단 그러나 씁쓸한 사탕 밭에서 고향을 베어내는
그래서 아픈 기억은
시간을 세면서, 혹은 기억을 지웠을지도

그래도 희망적인 것은
분명 동쪽에서 해가 뜨고 있기에
새벽마다 태평양에서 몰려드는
젖은 바람 있기에.

가능한한 그리움을 모두 끌어안고
그렇게 1년. 10년. 90년

지금은 다만 서툰 모국어의 그리움만이
입술 근처에서
또 해가 뜨기를 기다리는 일뿐

이 찬란한 봄볕의 환희에 빠져봅니다

눈이 내린다고 해서 겨울만은 아니다. 비와 바람이 강하다고 해서 추운 겨울만은 아니다. 눈 내리고 비바람 강해도 어느 사이에 따뜻한 봄 햇살이 어깨에 내려 앉는다.

겨우내 계곡물은 서로를 부둥켜안고 단단하게 얼어있다. 언제까지 풀리지 않을 것 같던 계곡 얼음도 조금씩 풀려 "졸졸졸, 콸콸콸" 봄 소리를 내며 대지를 깨운다.

정말 봄인가. 연둣빛 어린 새싹 그 소리에 놀라 금방 얼굴 내밀더니 봄비 내리고 나니 키가 훌쩍 자랐다. 들도 산도 잠에서 깨어나고, 골프장 잔디밭도 기지개를 한껏 켠다. 벼이삭은 농부의 발소리를 듣고 자란다. 골프장 잔디는 골퍼의 발자국소리를 듣고 자라는 것이 맞다. 골퍼의 싱그러운 웃음소리까지 더해지면 더욱 파랗게 일어날것이다.

바람은 이제 더 이상 겨울이 아니다. 나목(裸木)도 더 이상 겨울

풍경이 아니다. 가지에 새순이 돋고 새들이 날아든다. 어느새 숲속 봄새들이 촉촉한 물기로 울어댄다. 이번 봄은, 봄의 전령들 때문에 조금은 소란하고 분주할 것 같다. 오늘밤 자고 일어나면 산천은 어느새 만화방창, 형형색색의 꽃들로 가득할 것 같다. 새삼 자연의 경이로움을 느낀다. 누군가의 노력이 아닌 자연이 알아서 만들어 낸 법칙이다.

이 봄이, 이 자연이 얼마나 아름다운 것인지 지나가는 바람 한줄기 손을 내밀어 느껴본다. 이로 인해 삶은 또 얼마나 행복한 것인지 봄이 있기에 희망을 떠올려 본다. 그리고 생각해본다. 화려한 봄날의 외출 골프장에서의 호쾌한 샷을.

골프장은 자연박물관이다. 모든 꽃과 나무와 이름 모를 풀들이 밀집해 있다. 이런 봄날엔 집에서 직접 내린 커피와 보이차도 몇 잔 준비해 주자. 여린 쑥으로 만든 쑥떡도 함께 할 파트너와 나눠 보려 한다. 그리고 겨우내 숙성된 매실원액도 보온병에 담아 싱그러운 자연에서 맛보려 한다.

좋아하는 사람들과, 그리운 사람들과 필드를 걸으면서 건네는 이 차 한잔의 여유, 나눔의 여유를 '음식물 반입'이라고 나무라지 말아 달라. 이벤트로 봄과 어울리는 시 한편을 낭송해 보는 것도 봄을 재촉하는 아름다운 사건일지도 모른다.

—

〈봄〉

이종현 작

겨우내 토실토실해진
하얀 살을 뽑아 헹군다.
아직 잠들어 있는 흙과 흙무더기.
제법 빨라진 물살에 씻겨 나가는
흙, 나무의 잔뿌리 사이로
쏜살같이 빠져 나가는 숨. 숨. 거친 숨들
겨울은 비명도 없이
도랑을 타고 떠내려간다.
봄은 바람을 타고 빠르게 아주 빠르게
물기를 머금은 채 잔 뿌리에 와 살이 된다.

봄날
누군가
하얀 허벅지를 드러낸 채 발을 씻는다.
아찔하다. 현기증 나는
봄이다.

골프장 18홀을 걸으면 1만보에서
1만5천보를 걷게 된다

- 인간은 살아 있을 때까지 걷고, 죽으면 걸음이 멈춘다.

모든 운동의 출발은 걷는 데서 시작된다.

아니, 우리 인간의 삶의 시작도 바로 걷는 것부터이며 삶의 끝도 걷지 못하는 것으로 종결된다. 기분이 좋거나 나빠도 인간은 걷는다. 심산유곡, 산과 끝없는 평원 그리고 강과 바다를 따라서도 걷는다. 불교에서는 계속 걸으면서 수행하는 만행이 있다. 골프도 첫 시작이 걷는 것이며 그 끝도 걸어야 끝난다. 그러고 보면 인간의 시작과 끝도 걷는 것이다.

하지만 지금 우리 현대인들의 삶은 바쁘다는 핑계로 걷는 것을 자주 멈춘다. 하루 종일 의자에 앉아 인간의 본능을 잃어버리고 있다. 그래서일까. 사람들은 시간이 날 때마다 탈출을 감행한다. 골프는 인간의 본능 욕구에 적합화 된 좋은 스포츠다. 인간의 야성을 살려주는 운동인 것이다.

인간은 1600m를 걸으면 80cal가 소모되고 2500보를 걷게 된다.

골프장 전장이 6.4㎞이니 320㎈와 1만 보 이상을 걷는 효과가 있다. 하루 1만 보씩만 걸으면 더 이상의 보약이 필요 없다. 풍부한 산소를 마시고 녹색 숲을 걸으니 기분이 한껏 상승해 이는 자연적으로 정력 증진으로 이어진다는 것이다. 비만 관리에도 걷기가 최고다.

"인간에게 가장 좋은 보약이 뭔지 아나? 바로 걷는 거야. 걷는 것만큼 정력을 증강시키는 운동도 없어. 느릿느릿한 걸음보다 총총걸음이 가장 효과적이지."

또 한 분의 아버지이셨던 고 한국남 박사는 늘 걷기를 권하셨다. 한국을 대표하는 산부인과 한국남 박사님은 "총총걸음으로 걷게 되면 심장이 두근거려 대량의 혈액을 흘러 내보내고 폐는 보다 많은 산소를 흡수하게 된다"고 했다. 이렇게 되풀이하다 보면 체내의 심폐기능이 강화돼 좀처럼 숨이 차지 않으며 많이 걸으면 발부터 후끈해져 온몸을 열정적으로 만들어 준다는 것이다.

해서 백일정성을 들이면 조선시대에 아이를 갖는다는 것도 다 이유가 있는 것이다. 보통 절을 가기위해서는 민가에서 2, 3km 이상을 걸어가야 하는데 100일 동안 걷는다면 그만큼 혈액순환도 좋아지고 심폐기능 및 좋은 몸이 만들어져 임신될 가능성이 높아지는 것이다.

골프장은 인간의 야성 본능을 새롭게 만들어 낸다. 온갖 나무와 꽃 풀 그리고 새들의 공간을 걷는 것만큼 인간에게 더 행복한 공간은 없다. 이제는 카트를 타지 말고 걷자. 보약보다도 더 좋은 걷기를 피하는 것은 내 건강에 대한 직무유기다. 1라운드를 통해 320㎈와 1만 보 이상을 걷는 운동효과가 있어 장수할 수 있고 스태미나가 좋아지니 삶에 자신감이 생기게 된다. 보통 1라운드를 하면 1만보에서 1만5천보의 효과가 있다.

　오래오래 살면서 골프장 잔디를 더 밟고 싶다면 골프장에서는 타지 말고 걷자. 걸음을 멈춘다는 것은 곧 삶을 마감하는 이치와 닿아 있다.

친구를 알고 싶으면 4일만 여행하라

친구만큼 선명하고 또 막연한 단어는 없다. 가깝게 오래 사귄 사람을 친구라고 하지만 사실 어느 날 갑자기 만난 아주 짧은 시간에도 우린 친구라 부른다. 여행 중이거나 함께 골프를 치고 나서 친구로 발전한다. 물론 동년배 일수록 더욱 친한 친구가 된다. 친구로 인해 용기를 얻기도 하고 친구로 인해 아픔을 겪기도 한다. 수많은 역사적 인물 뒤에는 항상 친구가 있고 유명한 드라마에서도 항상 친구가 마지막까지 함께 한다. 그러나 알 수 없는 것이 바로 친구 사이이기도 하다.

중국 주나라의 사상가였던 순자(荀子)는 "그 아들의 성품을 잘 알수 없거든 그 아들의 친구를 보라"고 했다. 어떤 친구를 사귀느냐에 따라 삶의 방향이 바뀌기 때문이다. 그런가하면 서양속담엔 "친구를 알고자 하거든 사흘만 같이 여행하라"고 말한다. 또 하나 그 친구를 알고자 하거든 함께 골프를 치면 알 수 있다.

여행과 골프는 친구의 진정한 속성을 알게 해준다. 수많은 상황과 부딪쳤을 때 인간 본연의 속마음이 튀어나오기 마련이다. 얼마나 이기적인지, 얼마나 배려하려는지 나 혼자 가 아닌 함께라는 본능적 속마음을 알 수 있다. 목이 마르고 허기가 졌을 때 물 한 모금, 초콜릿 하나를 건네는 그 따듯함에 우린 '평생 함께'라는 단어를 떠올리게 된다.

내 인생의 7할은 골프에서 만난 소중한 사람들에 의해 완성되었다고 해도 과언이 아니다. 골프장에서 4, 5시간을 함께하다 보면 그 사람이 보인다. 5시간 함께 라운드 하고 목욕탕에서 함께 씻으면 그 사람의 마음까지 보인다. 24시간 함께 여행을 하고, 함께 자면서 평소 못했던 속마음을 무장해제하고 털어놓은 그 마음에서 진정한 친구를 만날 수 있다. 그래서 좋은 사람은 오래 만나게 되고 그렇지 않은 사람은 멀리하게 되는 법이다.

골프를 치면서 참 많은 사람들을 만났다. 건성으로 인사하고 습관적으로 명함을 건네받고 이후 기억 속에서 사라진 골퍼들도 참 많다. 반면 지금까지도 연락을 주고받으면서 따뜻한 차 한 잔을 할 수 있는 친구들도 많다. 친구란 결국 지속하느냐 마느냐가 키워드 인 것이다.

터키 팸 투어를 다녀 온 적이 있다. 10일간 관광 명소와 골프장 4 라운드를 병행하는 일정이었다. 새벽 5시30분 기상해서 밤 10시가 돼서야 끝나는 빡센 스케줄이다 보니 서울로 돌아오는 비행기에서 결국 토하고 열이 났다. 그 때 대부분 여행사 회장이신 분들께서 이

리저리 뛰어다니시면서 약을 가져다주고 곁을 지켜주셨다. 너무도 죄송했지만 모두투어 홍기정 고문께서 "뭔소리야. 우린 여행 친구인데..."라는 말이 아직도 생생하다. 나중 알았지만 그 때 그 아팠던 것이 대상포진이었다.

그런가 하면 "형님 죽을 때까지 잘 모시다가 좋은 관 짜서 보내드리겠다"고 늘 호탕하게 농담을 잘하는 양동식과 최원제라는 친구도 골프를 통해서 알게 됐다. 일주일에 꼭 한 번씩 전화를 해서 "뭐해?"라며 안부를 묻는 경상도 사나이 곽동철도 있다. "형님 시간되면 점심이나 할까요"라며 찾아와 골프와 정치적 성향까지 같아 온갖 나라 걱정까지 하면서 이야기로 대화 꽃을 피우는 배성한이라는 친구도 있다. 예정없는 번개 식사와 커피 그리고 건강을 걱정하며 골프 이야기로 마무리하는 김인수 아우도 있다.

이모든 인연이 골프와 여행을 통해서 알게 된 참 좋은 친구이다. 이렇게 만난 소중한 사람들을 어떻게 다 나열할 수 있을까. 반면에 상처와 많은 회한을 남기고 떠난 친구들도 많다. 그래서 일까 골프 칠 때 바로 한 팀을 바로 구성할 수 있다면 인생 잘 살았다는 평가를 한다.

가장 빨리 안전하게 등반하려면 산을 올라가본 사람과 같이 가면 된다. 살아가면서 소중한 친구, 참된 삶을 영위하고 싶다면 골프장으로 가면 된다. 스코어를 속이는지, 불현 듯이 화를 내거나 욕을 하는지, 미스 샷을 해도 웃으면서 따뜻한 차 한 잔을 건네는 사람과는 분명한 차이가 나지 않을까.

억새풀 그 외로운 꿈 앞에서

저기 저 들이 보인다. 들추어진 모가지 위로
산이 서있다. 바람이 분다.
그때마다 소리들이 흰꿈을 달고 움직인다.
또 바람이 분다. 바람이 불면
흔들리는 정신을 세워가며 머리를 든다
흔들리는 허기가 지면 꿈이 뜬다
벌판에 떠다니는 꿈덩이
초경을 한 계집아이의 설렘으로 흔들리는
빈 가지의 너희들 겨울 풀이여
일제히 땅에 쓰러져 공복의 가슴을 어루만져도
한여름의 억셈으로 흔들릴 억센 꿈의 억센주의자들

맨몸으로 뒹굴고 있는 추위를 골라가며
한 시대를 졸고 있을
나의 정신도
부딪치며 살아가는 엑센 꿈을 꾸어야 하리.

바람이 분다
상처난 부분의 하루를 잠재우며
억새풀
 그 외로운 꿈 앞에서 탄탄히 쌓이는
정신을 외우고 있다.

골프장은 푸른 삶의 영혼을 증식시키는 곳

사람들은 늘 꿈꾼다. 떠나고자 한다. 그리고 편안하고 아늑했으면 좋겠다고 말한다. 왜 떠나고자 할까. 자연은 인간의 습성을 닮았다. 적당한 온도와 습도, 그리고 아늑한 물소리는 편안함이다. 그래 자연에 가면 많은 위로와 힐링을 얻는다.

인간이 꿈꾸는 곳 그곳이 바로 골프장이다. 늘 가는 곳이지만 계절에 따라, 시간에 따라 늘 새로움을 준다. 그곳엔 바람도 있고 시원한 물소리도 있고 숲도 있다. 자연의 숨소리, 엄마의 아련한 음성을 품고 있는 곳이 바로 골프장이다.

탈무드에는 "인간의 가치는 그가 어떻게 쉬느냐에 달려 있다"고 했다.

현대인은 늘 피곤하다. 상처받고 피폐해진 심신은 늘 아늑한 곳을 찾는다. 그래서 휴식이 필요하다. 휴식은 건강이나 활력뿐만이 아니라 창의성과 사회적 유대까지 향상시켜 준다. 그 때문에 골프장에 가서 잘 쉬고 잘 놀아야 한다. 아니 잘 비워야 한다.

미국의 유명한 철학자이자 시인이었던 헨리 데이비드 소로는 "자기 영혼의 재산을 증식시킬 시간이 있는 사람은 참 휴식을 즐기는 사람이다"라고 했다. 진정한 부자는 바로 '부와 명예'도 아닌 '참 휴식을 즐기고자 하는 노력'일 것이다.

그런데 우린 골프장에 가는 본연의 기쁨을 망각하고 오로지 스코어와 물질적 만족을 위해서 목숨을 걸기도 한다.

그 뜨거웠던 여름도 지나고 보면 아주 잠깐이었다. 어느새 바람은 속살에 스며들 만큼 선선한 가을로 바뀌어 있다. 골프의 즐거움이 바로 이런 것이다. 기다릴 줄 알고 자연에 순응하면서 살아가는 법을 골프장은 알려준다.

서원밸리골프장 이석호 대표는 "골프장 직원은 가장 순수한 농사꾼"이라고 말한다. 덧붙여 "절대 자연을 거스르면 자연은 골프장에 선물을 주지 않는다"고 말한다. 정말 맞는 말이다.

철학자 칸트는 "노동 뒤의 휴식이야말로 가장 편안하고 순수한 기쁨"이라고 했다. 지친 육신과 정신을 단 하루지만 골프장 자연에 맡기고 가장 편안하게 쉬는 기쁨이야말로 골프의 즐거움일 것이다.

골프장은 푸른 삶의 영혼을 증식시키는 곳이다. 자연 속에서 또 다른 자연을 품은 골프장은 그래서 어머니의 품속 같다. 골프장 숲에서 부는 한 줄기 바람을 느끼면서 행복하게 코스를 걷고 싶다. 이게 골프의 본질이다. 골프를 하고 싶어하는 이유이다.

골프 여행이 내게 보고, 느끼고, 깨닫게 한 것

누구나 여행을 꿈꾸지만, 누구나 다 여행을 떠나지는 못한다. 생각하고 실천하는 것만큼 힘든 일은 없다. 마음에 걸리는 많은 것을 훌훌 내려놓고서야 태국으로 향했다. 일과 여행을 겸해 갈 수 있게 돼 그나마 위안이 됐다. 여행을 떠나기 전, 자리를 비울 5일 동안의 일을 미리 처리해야 했다. 떠나면서 몇 번 생각하고 확인해도 뭔가 빠진 것 같고 번잡스럽기만 하다.

그렇게 떠난 태국에서의 첫날 아침, 수많았던 걱정과 노파심이 모두 사라졌다. 결국 여행은 비움이다. 그 비움을 통해 다시 채움이다. 여행은 우리 인간에게 무한한 창조와 에너지를 재충전해 준다. 또 새로운 나와 또 다른 문화에 대한 깨달음과 배움을 가져다준다.

파타야에 있는 파타나 리조트에서 아침을 맞았다. 무조건 더울 것이란 생각으로 온 이곳은 예상보다 선선했다. 우리나라에만 이상기온이 있는 것이 아니라 동남아시아에도 이상기온이 있었다. 매일 아침 흐리고 바람이 불어 여름 복장으로는 추웠다. 바람막이와 한 국에서 가져온 스웨터를 입고 나서 플레이했다. 그렇게 한참을 몰 두하다 보니 어느새 더워졌다. 이곳 역시 한국이나, 한국 사람과 별 반 다를 게 없다.

점심을 먹기 위해 식당으로 갔다. 한국보다도 한국 음식이 더 풍 성하게 나왔다. 상추를 크게 싸서 입안 가득 밀어 넣었다. "맛있다" 고 감탄하고 있을 때 식당 창가 너머로 우리와 동반했던 캐디들도 식사를 하고 있었다. 작은 계단에 4명이 모여 점심을 해결한다. 2명 은 컵라면, 또 다른 1명은 집에서 가져온 주먹밥, 또 다른 1명은 바 나나가 전부다. 순간 미안한 마음이 들었다. '저 바람 부는 콘크리트 계단에 앉아 점심이 아닌 허기를 채우고 있구나'란 생각이 들어 더 이상 바라볼 수 없었다.

"다음에 올 때는 한국에서 컵라면이나 과자, 비스킷 등을 사와야 겠어요."

네 명 모두 끄덕였다. 그 이유를 알기 때문이다. 그들을 통해 우린 나눔을 배우고, 그들은 우리를 통해 삶을 해결해가고 있었다. 그래 서일까. 여행은 '훈장보다 나은 값진 스승'이라고 했다.

동반했던 지인께서 여행 후 문자를 보내왔다. 이번 여행을 통해 골프에 대한 새로운 흥미가 생겼고, 삶에 활력을 찾았단다. 아울러 아내와도 많이 이야기하고 좀 더 이해할 수 있는 시간이었다고 덧 붙였다.

조지 무어는 "인간은 자신이 필요로 하는 것을 찾아 여행하고, 집에 돌아와 그것을 발견 한다"고 했던가. 조지 무어가 말한, 집에 와서 찾게 되는 필요로 하는 것이란, 바로 '사랑'일 것이다. 그리고 '다름'일 것이다.

골프 여행을 통해 보고, 느끼고, 깨닫고 다시 돌아와 살아가는 데 있어 진정한 삶의 향기가 묻어난다면 더 바랄 것이 있을까. 이것이 진정한 여행의 참 맛이다.

눈을 맞다

- 태국 공항에서 문득 눈을 생각하다

수많은 음표 두서없이 쏟아진다.
음계도 모른 채 내리는 저 많은 알갱이들
블루스에서 솔이다가 다시 발라드 미로
다시 락에서 쏟아지는 라. 라. 라.
눈(雪). 눈(雪). 눈(雪)
눈을 맞다.

무엇 미련 있어 떨어져 녹아들지 못하고
머리 위서 서성대는 거냐.
무엇 미련 있어 떨어지며 스며들지 못하고
머리 위서 흩날리며 방황이냐.

어느 한곳 정하지 못한 채 기류따라
떠다니는 눈, 눈, 눈
눈을 맞다.

내 누이는 적어도 10년 전의 첫사랑
그 기억속으로 쏘다닌다.
마치 방금 헤어진 이별처럼
아프게
종로로, 명동으로, 한강으로
쏘다닌다.

예고도 없이 쏟아지는 눈, 눈, 눈
눈을 맞다.
음표도, 방황도, 사랑도 지상으로
내려앉지 못하고 공중에서
하염없이 떨고 있다.

이기적인 '나'를 만나러 골프여행 떠나자

- 노매드랜드, 아이다호, 만다라, 삼포로가는 길,
베를린 천사의 시의 공통점

'노매드랜드' '아이다호' '삼포로 가는 길' '베를린 천사의 시' '만다라'.

이들 영화의 공통점은 대표적인 로드무비 작품이다. 말 그대로 길을 떠나 길에서 끝나는 영화이다. 왜 인간은 떠날까? 다시 돌아올 것을 알면서 왜 떠나는 것일까?

'노매드랜드'는 한 번도 가보지 않은 낯선 길 위의 세상의 떠남을, 아이다호를 찾아가면서 겪는 젊은이들의 좌절과 희망, 무작정 삼포로 가면서 겪게 되는 슬픔과 분노, 그리고 좌절과 희망 등의 다양한 삶의 부스러기가 고스란히 담겨있기 때문이다.

떠난다는 것, 길 위를 걷는다는 것은 분명 깨달음이 있다.

골프도 마찬가지이다. 6.4㎞를 걸으면서 5시간 동안 겪는 좌절과 희망이 로드무비, 로드소설과 닮아 있다. 어떤 골퍼는 코스 안에서 희망을 보고 어떤 골퍼는 그 안에서 절망을 본다. 어떤 이는 그 안에서 커다란 깨달음을 보고 또 어떤 이는 그 안에서 주체할 수 없는 분노를 본다.

그래서일까. 참 많은 사람들은 떠나고자 한다. 그래서일까. 골퍼들은 참 많은 골프장을 향해 떠난다. 잃어버린 나를 찾아서 떠난다. 아니 좀 더 솔직히 말한다면 '이기적인 나를 찾아서' 떠난다. 세상은 규율과 도덕의 잣대로 나를 틀 안에 가둔다. 골프도 룰과 에티켓으로 나의 자유에 빗장을 친다. 그래 가끔은 나의 이기적인 자유를 찾아서 떠나려 한다.

통영으로 여행을 갔다. 거북선 모양으로 지어진 거북선 호텔에 여장을 풀고 30분 거리의 사천골프장에서 라운드를 했다. 다시 통영으로 와 저녁을 먹으며 와인을 한잔하고 한국의 나폴리 통영 바다를 그렇게 한참을 걸었다. 다음날 라운드를 위해 새벽 5시 잠에서 깨어날 즈음 이미 호텔 앞 통영 바다엔 경상도 아지매들의 소리가 새벽보다도 먼저 깨서 귓가에 몰려든다. 통통거리는 작은 어선과 수런거리는 새벽바다는 한편의 영화 영상처럼 다가왔다. 아니 일상에서 꿈꾸던 이상향이 바로 여기였다. 진정한 삶의 수런거림과 사람 냄새가 나는 곳이었다.

다시 사천 골프장으로 향하다 예정에 없던 대교 충무김밥을 새벽에 사서 먹었다. 바로 밥을 지어서일까. 재료가 싱싱해서일까 감탄의 감탄을 하면서 게 눈 감추듯이 먹었다. 예상에 없었던 통영의 밤과 새벽 그리고 충무김밥은 평생 잊을 수 없는 여행의 한 페이지가 되었다.

1박2일의 짧은 떠남이었지만 함께한 지인이 여행을 압축시킨 문자를 보내왔다.

"골프와 떠남, 거북선 호텔과 새벽 바다의 수런거림, 그리고 충무김밥은 오랫동안 잊히지 않을 것 같습니다. 이번 여행은 진짜 나만 생각할 수 있는 이기적인 시간이었습니다."

가끔은 이기적인 나를 만나러 떠나는 것도 좋을 듯하다.

—
꿈

- 애인과 새벽 기차를 탄다.

애인과 새벽 기차를 탄다.
소리들이 잠든 새벽 플랫폼에서
덜 깬 목소리로 인사하는
아직 이른 아침의 수런거림을.

당신이 꾸고 있을 꿈의 맨 끝계단에서
지금 쯤 일어날 준비를 하는
이 시간에
애인과 기차를 탄다.

살아가는 것은 늘 떠났다 돌아오는
숨 가쁜 기차와 같아서
언젠가 다시 돌아 올 것을 알기에
오늘 애인과 기차를 기다리면서도
졸립지 않다.

난 잠시 후 나의 애인과 떠날 플랫폼에서
함께 싣고 갈 기다림도 준비하고 있다.
그리고
넉넉한 아침 햇살이 들어앉을
가슴 일부도 비워두겠다.

난 나의 애인과 기차를 탈 것이다.

오거스타내셔널 골프클럽 12번 홀이 '골든벨'로 불리는 이유는

- 2030 MZ 골퍼가 꼭 알아야 하는 것들.

혼자서 산 속에서 살지 않는 한 우리는 많은 사람들과 관계를 맺고 산다.

사회 속에는 우리가 지켜야 할 규칙과 법이 있다. 얼마만큼 규칙과 법을 잘 지키느냐에 따라 그 사람에 대한 평가가 달라진다. 그러고 보면 골프장도 작은 사회이다.

골프장 가서 큰소리 내고, 벙커 정리하지 않고, 모두가 약속해 놓은 룰과 에티켓을 지키지 않는다면 그와는 다시 골프를 치려하지 않을 것이다. 이를 사회학적으로 말한다면 인상 관리, 즉 자기 관리일 것이다. 인상 관리는 사람, 물체, 사건에 대한 다른 이들의 지각에 영향을 주려고 시도하는 의식적이거나 무의식적인 목표 지향적 과정을 말한다. 이를 통해 비즈니스를 성공시키기도 하고 친한 이웃이 될 수도 있다. 그렇지 못할 경우엔 사람들 사이에서 섬처럼 떠다니게 된다.

우린 흔히 "인상이 좋다"라고 말한다. 그만큼 자기 관리는 그 사람의 인상에 결정적 역할을 하기 때문이다. 재미교포 모 프로골퍼는 한국 국적의 약혼녀 A에게 매끄럽지 못한 이별 통보로 인해 내홍을 겪었다. 약혼녀 A는 "자신은 그 선수에게 있어 성노예에 불과했다"는 내용을 소셜네트워크서비스(SNS)를 통해 알렸다. 그녀의 어머니는 대회 장소에서 1인 피켓 시위를 벌였다. 타이거 우즈도 섹스스캔들이 문제가 되어 많은 팬들에게 질타를 받고 이후 깊은 슬럼프에서 한동안 벗어나지 못했다. 반면에 미국의 프레드 커플스는 자기 관리를 통해 미국인이 가장 자랑스러워하는 선수로 사랑받고 있다.

오거스타내셔널 골프클럽 12번 홀은 '골든벨'로 불린다. 그 유래는 1992년 마스터스 대회에서 프레드 커플스가 티샷한 볼이 바람의 영향으로 그린에 못 미치고 앞개울에 빠지기 직전에 멈추었기 때문이다. 바로 그 순간 프레드 커플스가 남 몰래 선행을 해왔던 불치병의 소년이 세상을 떠났고 그 소년의 집에서 전화가 와 알게 되었다. 그는 무사히 이 홀을 파로 마치고 우승을 차지했고 소년의 죽음에 애통해했다. 미국은 물론 지구촌 사람들이 함께 슬퍼했고 그의 따뜻한 인성에 열광했다. 이후 12번 홀은 '골든벨'로 명명해 그 뜻을 기렸다.

자기 관리가 얼마나 중요한 것인가를 보여주는 극명한 사례이다.

국내 여자 프로 무대에서는 선배에 대한 '인사론'으로 설왕설래하고 있다. 골프는 개인운동이고 신세대답게 봐 줘야 한다는 주장도 있다. 하지만 사회적 상호작용 차원에서 본다면 인사는 서로의 교감이며 소통인 것이다. 인상을 쓰고, 인사를 하지 않는 것은 자신의 이미지 관리에 있어 마이너스 요인이 더 많다. 자기 관리는 결국 자기를 강화하고자 함이다.

많은 국내외 스포츠 스타들을 보면 자기 관리가 철저하다. 일관성 있게 행동한다는 것이다. 이미지 뒤에 실체를 숨길 수 있는 시대는 이미 지났다. 이젠 얼마만큼 진정성을 보여주느냐가 관건이다. 좀 더 진정성 있게 그리고 따뜻함과 밝은 표정으로 한 결 같이 행동해야 팬들은 열광하고 더 많은 사랑을 줄 것이다. 무릇 공인이라면 자기 인상관리가 절대적이다.

세계 랭킹 695위인 무명 프로골퍼가 '브리티시오픈' 출전을 반납한 이유

　세계 랭킹 695위인 거의 무명에 가까운 아일랜드 출신의 '데이비드 히긴스'가 브리티시오픈에 나갈 수 있는 기회를 스스로 반납했다.

　브리티시오픈은 프로선수라면 누구나 한 번은 출전하고 싶은 꿈의 무대이다. 히긴스는 홀 아웃 뒤 자신에게 출전권을 위한 연장전이 올 것을 예상 못하고 나머지 클럽을 모두 백에 담았다. 이후 히긴스는 급하게 연장전에 나섰고 그만 자신의 백에 14개를 초월한 15개의 클럽이 있음을 깨달았다. 3명의 선수가 연장에 돌입해 2장의 티켓을 놓고 경기를 펼쳤다. 단 1명만이 떨어지기에 해볼 만 했다. 하지만 경기는 히긴스의 자진 신고로 출전권 결정은 싱겁게 끝나고 말았다.

　많은 사람들은 히긴스의 실수를 안타까워하면서도 그의 용기 있는 결정에 박수를 보냈다. 그만큼 골프는 자신을 속이기에 쉬운 운동이다. 그리고 룰을 가장 많이 어기기 좋은 운동이기도 하다. 잘 익은 포도밭에 들어가 단 한 알도 따먹지 않고 나올 수 있는가 하는 시험에 들게 하는 것과도 같다.

한 조사결과에서 봐도 알 수 있다. 미국프로골프(PGA)에서 뛰고 있는 선수들은 동료의 부정행위를 봤다는 결과가 38%였고 캐디들도 부정행위를 봤다는 결과가 50%나 됐다. 프로선수들이라 더욱 놀랍다.

그래서 프로골퍼 데이브 힐은 "골프는 이 세상에서 플레이하기는 가장 어렵고 속이기에 가장 쉬운 게임이다"라고 했다. 그런가 하면 골프평론가 찰스 프라이스는 "골프는 낚시를 제외하고 가장 많은 미국인을 거짓말쟁이로 만든 오락이다"고 했다.

골프를 치는 골퍼라면 한 번씩은 생각해볼 일이다. 평생 골프를 하면서 룰을 단 한 번도 어기지 않는다는 것은 불가능하다. 단지 평생 골프를 치면서 룰을 얼마만큼 잘 지켜 가느냐가 더 중요할 것이다. 룰을 지켜야 하는 것은 당연하다. 하지만 바꿔서 생각한다면 얼마나 많은 사람들이 룰을 위반하면 이토록 복잡한 룰이 만들어졌을까 싶다.

보비 존스가 말한 것처럼 '골프에서 스코어를 속이지 않는 나를 칭찬하는 것은 은행 강도를 하지 않았다고 칭찬하는 것과 마찬가지'라는 것은 그만큼 당연한 것이다. 그렇지만 당연한 것을 골퍼들은 사실 지키기가 어렵다. 특히 상금이 걸려있는 게임에서 프로선수들이 룰을 지키려 노력하는 것에는 엄청난 유혹이 도사리고 있다.

강욱순, 홍순상, 최경주 같은 톱 플레이어도 클럽 보유 규정 개수를 어겨 벌타를 받은 적이 있다. 그러나 이들의 공통점은 자진 신고하고 그 대회를 자진포기 했다는 점이다. 벌타를 받거나 실격이 돼도 룰을 이행하려는 이들의 결정이 존경스럽다.

나를 자신신고 한다는 것만큼 용기 있는 실천은 없다. 골프의 덕목이다. 그러나 아무나 할 수 없다. 솔직하게 아무도 보지 않을 때 볼을 발로 툭 치거나, 클럽으로 살짝 건드린 적이 한 번도 없다고 장담할 수 있는가. 단 한 번도 없다면 하나님 이거나 부처님 가운데 토막이라 감히 말할 수 있다.

우리도 골프장에 나가기 전 한번 생각해 볼 것이 있다.

'나는 얼마나 나 자신에게 룰과 에티켓에 대해 엄격한지'를 말이다.

—

거리의 하나님

영하 20도의 강추위 속에서도
하나님은 온다
앉은뱅이, 언청이, 두 다리가 잘려나간
사람에게도.

가끔은 하나님도 안보일 때가 있다
몸도 아플 수 있고 꾀가 나서 안올 수도 있다
그렇다고 꼭 내가 하나님을 기다리는 것은 아니다
어떨때는 전업한 채 오는 수도 있다.
내가 알고 있는 강씨도 폐암이 걸린 이후엔
극성스럽게 기다린다.
강씨의 하나님은 폐암속에 들어가
암세포를 제거하고 새살을 돋게 할 수도 있다
또 내가 알고 있는 창기 놈은
떠나보낸 첫 애인의 아픔을 하나님에게 상의해
또 다른 애인을 하나님을 통해 만났다.
그 이후 놈은 교회만 나간다

섭씨 35도의 폭염속에서도

하나님은 온다

맹인에게도, 가난뱅이에게도

더군다나 허약한 사람에겐 더욱 자주 온다.

하나님도 지칠 때가 있고 모든 사람을 찾아보지 못할 때도 있다.

그렇다고 꼭 내가 하나님을 와달라고 그러는 것도

더욱 아니다.

매일 아침 명동 성당 앞에서 만나는 하나님은

노래를 한다.

성령이 충만한 사람들은 은전과 지폐로

보답한다.

이들은 잘 안다. 십년 전 이십년 전 불렀던 트로트

"눈물 젖은 두만강" "번지 없는 주막"은 돈이 되지 않는다는 것을

종로에도, 명동에도, 영등포에도

모든 거리에 쏟아져 나온 하나님은

1백원짜리로, 5백원짜리 은전으로

혹은 천원, 만원의 지폐로 부활을 기다린다.

매혹, 골프라는

수구초심(首丘初心), 결국 떠남은 돌아오는 것이다

수구초심이라는 고사성어가 있다.

여우는 죽을 때 구릉을 향(向)해 머리를 두고 초심으로 돌아간다는 뜻이다.

전 미국 상원의원 폴 신(한국 명 신호범)이라는 분이 TV에 출연한 적이 있다. 파주에서 태어난 그는 6세 때 엿이 먹고 싶어 옆집 아이가 먹던 걸 뺏어 먹고 혼날 것이 두려워 서울로 가출했다. 어린 나이이지만 가난이 무엇인지를 깨달았다. 그는 6살 나이에 기차 안에서 꼭 돈을 많이 벌겠다고 다짐했다. 7세 때부터 서울역에서 구걸하며 살았다. 그와 함께 구걸하던 친구가 8살의 나이에 기차에 몸을 던져 자살하는 것을 보고 자신은 절대 죽지 않겠다고 다짐한다.

6·25 전쟁 때는 하우스보이로 살았고, 16세 때, 부산항에서 미국으로 입양되면서 꼭 성공하겠다고 다짐했다고 한다. 그리고 미국서 결혼을 앞두고 만난 한국계 2세가 한국말도 못한다는 핀잔을 듣자

모국어(한국말)를 배우겠다고 다짐한다. 노력 끝에 그는 한국 컴퓨터 신조어까지 사용할 만큼 한국말을 능통하게 구사한다. 폴 신은 초등학교도 나오지 않았다. 하지만 그는 미국 하원의원을 거쳐 상원의원까지 됐다. 그리고 성공해 고국을 찾았다. 국적은 미국이지만 그 흐르는 피는 결코 바꿀 수 없다며 수구초심을 이야기 했다.

골프가 그렇다, 매사가 위기이며 깨닫지 못하면 역경을 넘길 수 없다. 좋은 결과를 내기 위해서는 반드시 찾아오는 역경을 이겨 내야만 한다. 한 알의 영롱한 진주를 만들어 내는 것은 조개의 몸부림이 있어 가능하다. 역경 없는 결과물은 없다. 역경이 아름다운 것은 극복이란 단어가 있기 때문이다.

신호범 미 상원의원이 매사 깨닫지 못하고 그 위기를 피하기만 했다면 미국에서도 그저 버려진, 곱지 못한 시선 속에 살아야 했을 것이다. 부딪쳐 극복하고 또 다른 위기에서 새로운 극복을 만들어 낸 결과이다. 위기를 피하고 계속해서 실패를 반복하는 것은 최악의 실패이다.

골프는 18홀 5시간 동안에 수많은 역경과 부딪친다. 그리고 다시 제자리로 돌아온다. 다시 제자리에서 각기 다른 실패와 성공을 만나는 것은 엄청난 차이일 것이다. 자기가 떠났던 자리로 돌아올 때는 훨씬 발전한 나를 발견해야 한다. 그 발전이 결코 스코어에만 연연하는 것은 아닐 것이다. 함께 플레이 한 동반자의 아름다운 미소를 발견한다면 그것이 곧 성장일 것이다.

우린 100세를 백수(百壽)라 하지 않고 99세를 백수(白壽)라고 한다

봄이 한창이다.

누군가 알려 주지 주지 않아도 자연은 기막히게 잠에서 깨어난다. 매년 그날이 되면 항상 그 자리에서 꽃망울을 머금고 꽃을 피운다. 그해가 춥고 더움에 따라 조금 빠르고 늦어질 뿐 꽃은 항상 그 자리에서 피어나기 마련이다. 그래서 우린 그 꽃을 한 번도 의심해 본적이 없다.

우린 꽃망울을 보고 한결 따사로워진 햇살을 느끼고 봄을 감지한다. 얼음이 풀린 도랑물 소리를 들으면서 겨우내 동맥경화를 앓던 우리 몸도 차츰 깨어난다.

"여긴 벌써 봄 햇살이 한창입니다. 놀러 오세요."

한 겨울 내내 봄을 기다려온 파인비치 서형종 대표이사께서 봄 햇살에 취해 문자를 보내왔다. 어릴 적 봄 전령은 따듯한 햇살보다도 들판에 몰려나와 봄나물을 캐는 동네 처녀의 수다로부터 시작되곤 했다. 그러나 지금 봄은 골프장이 먼저 알려 준다.

겨우내 키워 온 하얀 꿈, 맑은 물소리에 씻어 먹는 달래며, 겨울을 버텨낸 냉이의 속살이 향기롭다. 구수한 된장 한 그릇이면 봄 식사는 그만이다. 봄을 기다리지 못하는 급한 마음에 땅을 헤집으면 그 안엔 영락없이 파란 싹이 올라오고 있다. 하지만 땅을 미리 파헤치면 그 싹은 죽고 만다. 며칠만 기다려 주면 건강한 파란 꿈이 돋아날 수 있는데….

인간의 성급함이 때로는 자연을 해치기도 한다.

그것이 우리 인간들의 욕망인가 보다. 일백백(百)에서 맨 위의 일(一)을 빼면 흰백(白)이 된다. 우린 이를 백수라 한다. 100세를 사신 분을 백수(百壽)라 하지 않고 99세를 사신 분을 일을 빼서 백수(白壽)라고 한다. 자연을 보고 우리 인간의 욕심을 내려놓으라고, 조금 더 겸허해지라고 하나를 뺀듯하다. 그렇다. 아흔아홉을 가진 사람이 백을 채우려고 하는 것도 어쩌면 욕심일 듯하다. 자연의 순리에 맡기면 일백백은 채워지고 또 새로운 일백백을 향해서 갈 수 있을 것이다.

이 봄에 자연에게 묻는다. 어찌하여 그렇게 순수한 영혼을 갖고 있느냐고.

얼음 풀린 도랑물 소리가 혈관을 타고 흘러간다. 그 안에 붉은 피가 도랑물 소릴 내며 흘러간다. 햇살 잘 드는 창가에서 눈부신 커피 한잔 준비하면 참 좋을 봄이다.

그리고 좋아하는 사람과 봄 향기 그윽한 필드에서 맛깔 나는 수다 떨면서 파안대소 할 수 있는 것이 바로 골프의 매력이다.

모과는 첫 서리를 맞아야 향기를
내고 썩지 않는다

일요일 비스듬히 누운 은빛 햇살이 들어오는 거실에서 커피를 마셨다. 창밖에는 낙엽들이 주소지도 없이 방황한다. 겨울이 오고 있음이다. 문득 골프장에서 가져온 모과가 보스턴백에 들어 있음을 기억해냈다. 노란 빛깔의 모과는 잘 익다 못해 농익어 거실에 진한 향기를 뿜어댔다.

인터넷을 검색해 '모과 담그는 법'을 찾아 생애 처음으로 모과차를 만들었다. 칼을 댈 때마다 퍼지는 진한 모과 향은 거실에 가득했다. 직접 내 손으로 만든다는 것이 신기했고 골프장에서 가져온 것이라 더 소중했다. 담근 날짜를 기입하고 한 달 뒤 열어 마실 생각을 하니 설렘이다. 모과 하나가 이토록 많은 이야기와 행복을 가져다준다.

지난해 채 익기도 전에 모과 하나를 골프장에서 땄다가 캐디에게 혼난 적이 있다.

"모과는 서리를 맞지 않으면 향기도 나지 않고, 모과차로도 쓸 수 없어요. 성급하면 자연이 노해요"

그 캐디로부터 작은 기다림을 배웠다. 늦가을 함께한 지인이 라운드 중에 머리만 한 모과를 내밀었다. 모과나무 밑에서, 하도 예뻐서 가져왔다고 말했다. 처음엔 자동차에 둘 요량으로 가져왔는데 모과차로 만들어서 그것도 한 달 후에 마실 생각을 하니 기다림의 행복이 이렇게 큰 줄 몰랐다. 모과 하나가 서리를 맞을 때까지 기다리라는 '자연법칙'도 알려준다.

하지만 대부분의 골퍼는 골프장을 가면 성적 좇기에 여념이 없다. 옆에 아름다운 단풍이 들었는지, 숲에서 딱따구리가 나무를 쪼아대는지에 대한 자연감이 없다. 휘 둘러보면 골프장의 자연은 참 많은 것을 품고 있다. 잠깐 멈춰 시선을 주면 자연은 내게 와서 향기로, 씨앗으로 발아하려고 한다. 라운드 후에 골프장의 꽃이며, 나무와 새들에 대해 이야기하면 '그런 게 있었나?'하는 표정뿐이다.

골프는 연애하는 것처럼 라운드 해야 한다. 새소리, 나뭇잎 흔들리는 소리, 꽃이 한들거리는 모습을 사랑으로 바라보면 그렇게 간과할 수 없다. 조금씩, 조금씩 알아가고 싶은 첫 사랑의 그 마음으로 말이다.

자연은 우리에게 똑같이 주어진다. 하지만 세상에서 가장 먼 거리는 '머리부터 손'까지라고 하지 않나. 이행하지 않으면 우리에 다가오는 것은 단 한 가지도 없다. 유대경전에 '겨울날 내린 눈을 밟고 걸어가면 승자이고 눈이 녹기를 기다리면 패자'라는 말이 있다.

괴테는 "어려운 날들이 우리를 강하고 단단하게 만들어 준다. 고난의 시대에 태어난 것은 천재에게는 행운이다"라고 말했다. 그러고 보면 서리를 맞고 제 향기를 내는 모과, 홍시, 유자, 국화, 사과(부사) 등은 특별한 자연의 선물이다. 늦가을 새벽 라운드에서 만난 서리가 진정한 향기와 삶의 품격이 무엇인지를 알려준다.

한 달 후에 잘 익은 모과차 향기가 벌써 기다려지는 이유는 또 다른 스토리텔링이 생겼기 때문이다.

비오는 날의 가을 라운드…
무엇을 느끼고, 발견할 것인가

가을비가 촉촉이 내린다. 희미한 시야. 윈도 브러시로 비를 닦아
내며 골프장으로 간다.

이정도면 못 치겠지 하면서 그래도 미련을 버리지 못해 '골프장'
으로 가고 있다. 평소 같으면 "비가 꽤 내린다"며 투덜대겠지만, 골
프를 칠 때는 "이 정도면 괜찮아"라며 너그러워진다.

단 한 명도 골프 치지 말자고 하는 사람이 없다. 눈치만 볼 뿐이다.
결국 골프 코스로 나간다. 머리가 젖고, 속옷이 젖어도 자연에 나오
니 참 좋다며 애써 스스로를 위로한다. 비에 젖은 자연이 참 아름답
다. 단풍잎 끝에 이슬처럼 달린 빗방울과 안개 낀 산정(山頂)이 마치
액자 속 그림 같다. 비 오는 가을, 이곳을 오지 않았다면 이 짧은 가
을을 훌쩍 보냈을지도 모른다.

베어크리크 파3홀에 도착하자 모두가 탄성을 쏟아낸다. 옅은 안
개 사이로 파란 그린과 핀이 보이고, 그 뒤에 마치 동화 속처럼 자이

언트호박이 무리지어 열려 있다. 신데렐라의 호박마차 같다면서 잠시나마 동심으로 돌아간다. 모두가 다음 홀로 떠났지만 그대로 발걸음을 돌릴 수 없었다. 씨앗이 잘 썩어 싹을 틔우고, 수많은 비바람과 뙤약볕에서 이렇게 호박이 잘 자랐다. 가을 보름달처럼 꽉 들어찬 호박을 어루만지며 "수고했다"는 말을 해주고 싶었다. 비웃을지 모르지만 동식물도 사람처럼 생각이 있다.

영국 왕립자연과학회지에 발표된 것을 보면 병아리에게 바람을 쏘이면 어미 닭의 심장박동이 빨라진다고 한다. 나뭇잎은 손을 갖다 대어도 스트레스를 받으며 잎을 만지면 화상을 입는다고 한다.

돌아오는 길에 비 오는 가을 라운드를 감사하게 생각했다. 오늘 오지 않았다면 깊이 있는 가을의 자연과, 속으로 야물게 영근 호박과 인사할 수 없었기 때문이다. 가을은 늘 허전하고 슬픔만을 주는 줄 알았다. 그런데 비 오는 가을은 세월 안으로 끌어안으며 성숙해지는 결실을 골프장이 알려 줬다.

가을은 생명이 지는 계절이 아니다. 내년 봄, 더 건강한 살결을 밀어내기 위해 잠시 땅에 잠들어 있는 것이다. 건강한 씨앗에서 싹이 나고, 줄기가 솟고, 그리고 튼실한 열매가 열리는 법이다. 골프장만 가도 이런 자연의 법칙을, 사는 법을 배울 수 있다. 우리도 저 자연처럼 먼 훗날 삶을 마감하는 순간에 "정말 잘살았노라"라고 웃을 수 있을까.

그날 비가 그치고 다시 서쪽 하늘에 석양빛이 돌 무렵 문자 한 통을 받았다.

"형! 나 5만 원만 빌려줘. 아내가 쌀이 떨어졌대. 그런 줄도 모르고 어제 책을 3권이나 샀거든."

시를 쓰는 후배 녀석도 아마 가을에 젖어 쌀독이 빈 것을 몰랐나 보다.

희미한 거리에서

닦고 나면 다시 가려지는 것은
시간 때문일까.
또 적당한 간격으로 윈도우 브러시
닦고 나면 점점이 찍혀 내리는 그리운 흔적들.
거리는 온통 힘없이 내리는 빗발에 흐느적거리고
사랑을 크게 한 사람들일수록 더 크게 움직이고 있다.

백미러 속 차들은 전조 등을 밝힌 채 조심스럽게 추억의
터널로 들어간다.

네 어깨 생머리 위로 흘러내리듯 비가 내린다.
우산 없이 비 맞는 사람들과 우산이 있어도
비 맞는 사람들이
차창에 부딪쳐 빠르게 빠져나간다.

거리로 빠져 나와 각자의 섬이
되었을 때
너에 대한 생각은 항상
깊은 자맥질로 빠져드는 어둠 안에 있었다.

소리도 없이 도로를 빠져나가는 생각들
윈도우 브러시, 계속 시간을 닦아 내고 있다.

이안 우스남이 20파운드를 받으러
1시간을 달려간 이유는

골프는 알다가도 모를 일이다. 아니 모르다가도 알 것 같은데 다시 모르는 것이 골프다.

골프가 안 될 때 집중이 안 된다면서 식사 내기라도 하자고 한다. 골퍼의 열 명 중 6명은 반드시 내기를 한다. 내기를 하는 이유에 대해 물어보니 집중력과 함께 강한 도전의식이 생긴다는 것이다. 그만큼 골프는 집중력의 싸움이다. 물론 프로골퍼들도 대회가 아닌 일반 라운드 때 내기를 한다.

웨일스 출신의 유명프로골퍼 이안 우스남의 내기 골프 일화는 유명하다.

대회가 없는 날 친구들이랑 1타당 1파운드짜리 내기를 했다. 친구 중 한 명이 내기에서 잃은 20파운드를 보름 동안 갚지 않자 집까지 찾아갔다. 어찌 보면 쩨쩨하다고 말할 수 있지만 우스남은 "그들에겐 취미이지만 내겐 직업이다"라는 말이 프로의식을 강하게 내비

친다.

미국에 골프여행을 갔을 때 '라마다 인 호텔' 오너랑 1달러 내기를 해 5달러를 땄다. 호텔 오너는 다음날 2달러 내기를 하자고 했다. 또 10달러를 땄다. 다음날 5달러 내기를 하자고 해 딴 돈 15달러를 돌려주니 환하게 웃었다. 한 달에 몇 만 달러를 버는 호텔 오너도 내기골프 15달러 앞에서는 이성을 잃나보다.

골프란 의외성이 있어 좋다. 확률 적으로 이길 수 없는 게임임에도 결과적으로 이긴다. 타이거 우즈가 세계 랭킹 1위라고 매 대회에서 우승하는 것은 아니다. 우즈도 예선 탈락할 때가 있고, 무명선수와 대결에서 지기도 한다. 이게 골프의 매력이다. 누구나 도전할 수 있고 누구나 가능성이 있는 게임이다.

물론 골프는 강한 도전 정신만큼 마음의 욕심을 내려놓을 줄도 알아야 한다.

골프 기자 3명과 임진한 프로와 점심내기를 한 적이 있다. 매홀 1타씩을 잡아주고 '버디 값'도 계산하지 않기로 했다. 아무리 프로라고 해도 해볼 만했다. 결과는 기자 3명이 모두 참패했다. 그때 임 프로가 한 말이 생각난다.

"매홀 1타씩이 아니라 5타의 핸디만 줬다면 오히려 기자들이 더 잘 쳤을지 모른다. 이게 골프이다."

어리석은 골퍼는 시작부터 이기려고 달려든다. 하지만 진정한 고수는 과정을 살피고 장갑을 벗은 그 뒤에야 진정한 승리를 만끽한다. 도전과 내려놓음을 일깨워준 내기 일화이다.

신지애도 어렸을 때부터 내기를 통해 승부욕을 키웠다. 강수연도 강해지기 위해 남자 선수들과 내기를 했다. 프로선수들 대부분이 일상 라운드에서 내기를 한다. 이유는 단 하나, 목표의식 고취와 강한 집중력을 통해 스코어를 향상시키기 위해서다.

물론 내기는 권한다. 다만 주의 할 것은 내기가 취미를 벗어나면 절대 안 된다는 것을 잊지 말자.

나의 우상은 누구인가?

- 나의 우상과 골프 라운드를 한다면....

누구에게나 우상은 있다. 나이가 어릴수록 우상은 더욱 선명하고 또 절실하게 다가온다. 순수해서, 머릿속의 여백이 깨끗해서 우상은 꿈이며 또 그를 닮아가려고 한다.

얼마 전 그토록 꿈꾸던 우상을 만났다. 요즘은 우상 대신 아이돌(Idol)이란 표현을 쓴다. 서정 가득한 가사와 멜로디 그리고 수줍은 듯 청아한 표정과 애절한 목소리에 반해 그는 나의 아이돌이 됐다. 그를 골프장에서 만났다. 어릴 적 그에게 첫 팬레터를 썼고 그에게서 답장카드가 왔다. 카드 내용에 '사인은 나중에 해 주겠다'는 글이 있었다.

40년 만에 가수 남궁옥분 누님의 주선으로 골프장에서 그를 보게 됐다. 고이 간직하고 있던 40년 전 카드를 꺼내 그에게 내밀었다. "이제 사인해 주셔야죠?" 사인에 대한 이야기를 듣고 그는 놀라워했고 옥분 누님은 부럽다고 했다. 나의 우상에게 사인을 받고 나니

40년간의 열망이 완성되었다. 그 주인공은 바로 가수 김세화 누님이다.

또 한 명의 우상이 있다. 가왕 조용필 형님이다. 무대에서 최선을 다하는 열정과 다양한 장르를 '조용필 식'으로 소화하는 모습에 반했다. 그를 만나고 말겠다는 꿈 역시 골프를 통해서 실현했다. 함께 골프를 하고 그를 위해 '조용필 그대의 영혼을 빼앗고 싶다'라는 시집도 낸 바 있다. 친 형수가 조용필 씨를 하도 좋아해 만남의 자리도 만들었다. 하지만 그 형수는 단 한마디도 못하고 돌아왔다. 무척 '억울'한 표정을 지었다. 우상은 그런가 보다. 만나면 말문이 막히고 그저 눈물이 나거나 가슴만 벅차오르는 것 같다.

몇 년 전 아프가니스탄 농촌 마을에 사는 무르타자라는 어린 친구가 꿈에 그리던 축구 우상 리오넬 메시(FC 바르셀로나)를 만났다. 비닐봉지로 메시 유니폼을 만들어 입어 화제가 됐던 무르타자를 메시는 친선경기가 열리는 경기장으로 초청됐다. 메시의 진짜 유니폼을 받고 아무런 말도 못하고 그저 눈물만 보인 것은 분명 기쁨에 가득 차서 일 것이다.

순수했던 어린 시절의 따스한 추억과 아이돌을 향한 그리움과 꿈은 시간이 흘러도 늙지 않았다. 또한 간절히 바라면 반드시 꿈은 이뤄진다는 것을 40년 만에 확인했다. 나의 우상을 만날 수 있게 만들어 준 골프가 고마웠다. 함께 같은 취미를 나눌 수 있는 골프가 아니었으면 김세화 누님과 조용필 형님을 어떻게 만날 수 있었을까. 아직도 세화 누님이 전해준 '향수'를 열어 쓰지 못하는 것은 아직도

40년 전 그 설렘 때문일 것이다.

메난드로스는 "설령, 하나의 문이 닫혔을 때도 실망하지 않는다면 또 하나의 문이 열릴 것이다"라고 말했다. 골프와 우상을 통해서 확인한 것은 좌절, 실망하지 않고 단념하지 않는다면 그 꿈은 반드시 찾아온다는 것이다.

그럼 나의 우상은 누구인가?

버디는 못했어도… 햇살·바람만으로도 행복하다

강원 횡성에 위치한 알프스대영 골프장에서 2시간 동안 전 직원에게 교육을 했다. 애초 '젊은 골퍼가 몰려온다'는 주제이었다.

행복에 관해 먼저 이야기 했다. 급기야는 일본 영화 고레에다 히로카즈(是枝裕和) 감독이 만든 '원더풀 라이프'에 대해 이야기했다. 사람이 죽으면 반드시 들르는 이승과 저승의 간이역에서 7일간을 보낸다. 그러고는 가장 행복했던 순간 한 가지를 선택하라고 한다. 강의 도중 골프장 직원들에게 지금까지 살아오면서 가장 행복했던 순간을 묻는다. 100여 명이 모여 있었지만, 그 누구도 쉽게 대답하지 못했다. 그런데 뒤쪽에서 "아이에게 첫 모유 수유를 했을 때요…"라고 자랑스럽게 한 직원이 이야기했다. 순간 강의실은 박수가 쏟아져 나왔다. 필자 역시 무언가 형언할 수 없는 뭉클한 것이 목젖을 밀고 나올 것 같았다. 나의 또 다른 영혼이자 분신인 아이와의 조우는 누구에게나 다 감동일 것이다. 그것도 10개월간 같은 공간에서, 같은 심장 소리를 들으면서 출산한 엄마는 더더욱 그럴 것이다. 하지만 살면서 가장 행복했던 순간을 아이에게 젖을 물릴 때라는 선택은 누구나 할 수 없을 것 같다.

일본 영화 '원더풀 라이프'에서도 가장 행복했던 순간을 고민하고 또 고민해서 쏟아 내는 것은 보통의 경우 돈과 사랑이 대부분이었다. 그중에서 가장 기억나는 장면은 어느 봄날 버스에서 졸고 가다가 조금 열린 창문으로 들어오는 바람을 느꼈을 때라는 평범한 남자의 이야기이다.

반성해 본다. 우린 얼마나 많은 허황한 꿈과 지나친 물욕에 갇혀 살고 있는지. 소중한 내 아이에게 첫 젖을 물리던 순간, 태어나 질러대는 첫울음 순간, 따듯한 봄날 창밖에서 들어오는 시원한 바람 등 아주 평범한 행복일지 모르지만, 오히려 그 평범한 것이 내 삶에 가장 행복한 가치가 될 수 있다는 것을 깨닫는다.

그리고 생각해 본다. 70대 스코어는 못 냈어도, 버디와 홀인원은 못했어도 적어도 저 반짝이는 햇살과 싱그러운 바람, 영롱한 새소리를 들었다는 것만으로도 충분히 행복해질 수 있다는 것을 말이다. 그리고 내려놓겠다. 삶의 목적과 행복의 기준이 지나치게 물질화돼 있는 것을.

미국 펜실베이니아대 마틴 셀리그먼 교수는 "물질 우선주의는 행복에 부정적인 영향을 미칠 수 있고, 사치 없이도 행복하게 살 수 있다는 점에 비춰 경제적 성공은 행복의 기준을 완전히 충족시키지 못한다"고 했다. 바꿔 말한다면 물욕으로 인해 진정 달콤한 삶의 행복을 뺏겼던 것 같다. 첫아이에게 젖을 물리던 그때를, 처음 머리를 얹으러 골프장에 나가 볼이 클럽에 맞기만 해도 좋겠다던 그 순수의 마음으로 돌아가려 한다. 골프장에서 따듯한 햇살, 싱그러운 바람만으로도 충분하지 않은가.

매혹, 골프라는

아들에게 미리 준 유산이 100만원이라구요?

일방적이란 말이 있다. 어느 한쪽으로 치우친 것을 말하는데 지금 세상이 바로 그런 것 같다. 정치인에겐 자신의 당리당략만 있고, 기업은 자신들의 이익만 생각하고, 소비자는 자신들의 행복만을 추구한다. 또한 골프를 치다 보면 우리 골퍼들은 자기 기준으로만 판단하는 일방적인 부분이 있다.

사람마다 스윙과 생각이 다르고, 습관도 다르며, 루틴이 다르다. 그런데도 자신의 생각이나 시각과 다르면 이를 틀렸다고 하고, 심지어 나쁘다고 한다. 이 모든 것은 쌍방이 아닌 일방적인 소통이라서 그렇다.

고등학교 문예반 선배인 두 부부와 저녁 식사를 함께했다. 대기업 상무로 재직하다 은퇴한 황규진 선배께서 집으로 초대했다. 딱히 생각나는 것이 없어 골프 모자와 골프 볼을 가지고 갔다.

또 다른 선배 이명수, 정혜신 부부는 경기 양평에서 산다. 정혜신 형수는 "당신이 옳다"의 베스트 셀러 작가이자 정신과 전문의이다. 이들 부부는 말린 애호박과 나물 몇 가지를 정성스럽게 싸왔다. 선물의 무게와 깊이가 달랐다. 쉽게 만들어 돈만 주면 구할 수 있는 공산품과 슬로푸드인 말린 호박과 나물의 정성은 비교가 되지 않는 가치로 다가왔다.

양평에 사는 선배 부부는 도심에 치솟아 있는 빌딩의 욕망은 그리 부럽지 않아 보였다. 시골집 주변에 손톱만큼 삐죽하게 올라온 보랏빛 칡꽃을 더 소중히 여기고 부러워했다. 인간의 보편적인 욕망을 채우려 한다면 충분히 가져갈 수 있는 분들이다. 형수는 유명한 정신과 전문의며, 선배는 잘나가는 광고회사를 다녔지만 지금은 남의 행복한 삶에만 관심이 있다. 양평에 사는 이유도 5일 장터에 나가 어려운 분들 이야기나 들어주며 조금이나마 위로하면서 살겠다는 생각 때문이다. 그러던 차에 세월호가 침몰하고, 힘들어하는 유가족을 보고만 있을 수 없어 안산으로 달려가곤 했다. 유가족과 지난 2년 동안 만나 이들의 이야기를 들어주고 치유를 도왔다. 어디서 지원금이 나오는 것도 아니다. 그냥 그대로의 사람과 사람으로 다가가 아픔과 고통을 들어주고 나누면서 조금이나마 위안이 됐으면 하는 바람 하나였다.

생각해 본다. 우린 성냥갑처럼 빼곡하게 놓인 도심 속에서 무조건 이겨야 하고 얼마나 더 가지려고 했는지. 또 생각해 본다. 골프장에서도 무조건 상대방의 성적보다는 내가 나아야 하고 내기에서도 반드시 이기려고만 했는지.

양평에 사는 선배 부부는 자연에서 나는 것만 먹고 살아도 충분하다고 한다. 한 달에 100만 원만 있어도 차고 넘친다고 한다. 자식들에게도 유산으로 100만 원씩을 줬다. 그리고 공부와 미래에 대해서도 강요한 적이 없다. 하고 싶은 대로 살면 된다는 것이었다.

유산으로 건넨 100만 원은 적을까, 아니면 적당할까. 아니면 큰 것일까. 나는 과연 무엇을 선택할 수 있을까?

사랑의 크기와 깊이에 대하여

인천의 한 대학에서 3학점짜리 '서비스 문화론' 강의를 한다. 3월 개강해 학기말 시험이 끝나면 종강이다. 학생들이 시험을 보는 내내 '어떤 추억을 남길까'를 생각하다가 한 명 한 명의 이름과 함께 '사랑 한다'는 글을 써 주었다. 그리고 마지막으로 단체 사진을 찍었다. 그런데 학생들 모두가 '사랑 한다'는 쪽지를 들고 환하게 웃으며 포즈를 취했다. 내가 준 작은 사랑이 더 커져서 감동으로 물결쳤다. 사랑이 사람을 얼마나 변화시키는가를 확인했다.

사랑은 상대방을 자신과 동일하게 생각하고 행동한다. 사랑은 남이 아닌 나와 같은 시각으로 옹호해주고, 같은 편이 돼준다는 것도 알았다. 사랑은 서운함도, 소소한 오해도, 불만도 모두 없애버리는 힘이 있다.

하지만 현대를 살아가는 우리는 물질적 욕망을 충족시키기 위한 수단으로만 사랑한다고 말하지 않나 생각해 본다. 또한 사랑이 지나치게 리비도(libido)에 갇혀 성적인 수단으로만 이용되고 있지 않는지도 생각해 본다.

　많은 사람은 물질적 욕망에 의한 사랑보다도, 리비도의 본능적 사랑보다도, 통찰하고 그리워하는 순수한 사랑을 동경한다. 자연에 나와, 골프장에 나와, 좋아하는 사람과 걸으면서 제일 먼저 하는 말은 "아! 너무 좋다"이다. 우리가 진정 사랑한 것은 물질적 욕구와 본능적 욕구였지만 우리를 정작 치유해주는 것은 순수에 있다.

　한 세탁소 주인은 24시간 일만 했다. 동네에서는 돈만 아는 사람이라고 수군거렸다. 그러다가 세탁소에 불이 났고 주인은 '당신의 귀한 옷들을 모두 불태웠습니다. 목록을 적어주면 죽기 전에 모두 보상 하겠습니다'라는 벽보를 붙였다. 이를 읽은 한 사람이 "용기를 내세요. 그리고 이미 당신은 우리에게 많은 선물을 주었어요"라고 적었다. 또 이를 본 주민들 모두가 하나같이 보상이 아닌 희망의 글을 남기기 시작했다. 주민들은 세탁소 주인의 진심을 알게됐고, 많은 사람은 그에게 글로써 많은 사랑을 전달했다.

　스포츠 중에서 골프만큼 오래 할 수 있는 종목은 없다. 그래서인지 동반 플레이어에 대해 호불호가 갈린다. 느려서 싫고, 말 많아서 싫고, 레슨해서 싫고, 남을 배려하지 않아서 싫고, 건방져서 싫고…. 참 다양한 이유로 함께 하기를 꺼린다.

　막심 고리키는 "행복을 손안에 꽉 잡고 있을 때는 그 행복이 작아 보이지만, 그것을 풀어준 후 비로소 그 행복이 얼마나 크고 귀중했는지 알 수 있다"고 말했다. 아주 작아 보이지만 먼저 손 내밀어 "사

랑한다"고 말하면 그 사랑의 깊이와 크기를 먼저 느낄 수 있을 것이
다.

매혹, 골프라는

가수 김조한 "골프장 가면서 음악 들을 수 있어 골프가 더 좋아요"

국내 R&B 원조 가수 김조한은 골프를 좋아한다. 생각만큼 골프가 늘지는 않지만 잔디를 밟는 그 자체로 좋단다. 가수이어서인지 스윙 템포가 좋고 숏게임 능력이 뛰어나다. 역시 뮤지션이라 그루브(groove·리듬)를 잘 타는 것 같다. 유명인, 연예인 중에서 그동안 함께 골프를 쳐본 사람 중에서 가수 임창정과 유익종 탤런트 차광수가 가장 리듬감 있고 쉽게 골프를 친다. 골프를 쉽게 친다는 것은 그만큼 욕심을 비웠다는 방증이기도 하다.

김조한 역시 골프는 치면 칠수록 리듬이 중요한 것을 느낀다고 말한다. 조금이라도 리듬이 맞지 않으면 골프 스윙과 방향이 크게 달라진다. 골프장에서 그를 보면 참 착하고 순수하다는 면을 보게 된다.

"형! 저는요, 사실 골프 그 자체보다 이 아름다운 자연이 너무 좋아요. 바람 향기, 산소 색깔, 사람 냄새까지요"

골프를 통해 어떠한 성적을 내는 것보다도 골프장에 와서 함께 하는 것이 더 좋다고 한다. 그러면서 그는 골프를 치면서 가장 행복한 것은 골프장 오는 길, 골프장에 오는 시간이라고 덧붙였다. 빡빡하게 짜인 일정은 마치 기계처럼 움직이게 한다. 내가 아닌 남이 이끄는 대로 다니는 것뿐이다. 그런데 골프장 가는 길은 평화롭고 넉넉하다. 가면서 듣고 싶은 음악은 더 행복하다. 속도를 조금 줄이고 바깥 풍경을 감상하면서 듣는 음악은 삶에 있어서 최고의 쉼표에 비유할 수 있다.

우리는 골프장을 가면서 차에서 무엇을 하고 있는가. 어떤 이는 '지각'하지 않기 위해 과속과 욕설을 일삼고, 또 어떤 이는 휴대전화와 토크쇼를 하듯 갈 것이다. 또 어떻게 하면 오늘 승부에서 이길까, 아니면 파트너의 나쁜 매너를 흉보면서 갈 것이다.

자가용은 나만의 공간이다. 아니 나만의 세상이다. 나의 작은 우주다. 그렇기에 내 차에서 잔소리하거나 명령과 지시를 하면 화가 나고 싸움을 한다. 비록 작은 공간이지만 오직 나만을 위해 존재하고 내 마음대로 할 수 있는 유일한 장소인 것이다.

김조한은 그래서 골프장 가는 길이 너무 좋다고 한다. 골프장에 가면서 그동안 듣지 못했던 음악을 듣는다는 것이다. 본질 적인 골프 게임도 좋지만 골프장 갈 때, 집으로 올 때 듣는 음악도 골프다. 골프장만이 골프가 아니라 골프장 가는 그 과정도 골프인 것이다.

겨울눈 내리는 의정부

- SO, 여긴 기지가 아니다, 소리꾼 학가눔의 아지트다

어둠이 용이하게 들어앉은 서울 외곽의
도시는
미군 캠프 찰스 병장 M16에 장전된 채
발정된 별들을 켜올린다.
파란 눈, 흑인들의 하얀 웃음이 "의전부"
"리전부"라고 외치는 용병들의 서툼 안에서
눈을 뿌리고 있다.
SO. 쏘
이건 미군들의 암호나 무전이 아니다.
소리꾼 학가눔의 라이브 카페에서
닐 영이, 에릭 크렙튼이, 조규찬이
의정부 암구호 소리로 풀어내는 멜로디다.
500CC의 용량과 그 무게 앞에서
토종들이여 파이팅을.....
정호승의 동두천 수수깡밭에서 쓰러지던

어머님을 위하여 건배를
그 사이에 찬바람, 겨울눈 더 휘몰아친다.
학기눔의 SO. 쏘 화장실 문에도
팔뚝만한 볼트 너트가 붙어
여자와 남자를 분단시키고 있다.
-여긴 미군기지도, 휴전선도 아닌
SO. 쏘 박학기의 전진기지이다.
볼트 너트가 결합되지 못한 채
갈라진 욕망은 아랫도리에 툭툭 불거져
아주 잠시 시원한 배설로 변기
저 아래 어둠 속으로 빨려 들어갈 때
학기 눔이 부르던
양키 놈 닐 영의 Heart of Gold(순수한 마음)는
눈 내리는 기지촌 의정부 창가에서
발기된 채 기웃거린다.
-SO. 쏘
여긴 분명 기지가 아닌
학기눔의 노래가 마려운 눈빛들이
학기눔의 노래가 그리운 500CC들이 모인 이곳은
SO. 쏘
여긴 의정부 속의 외인부대다.
기지촌이 아니다.

'Gap Year'의 시간이 필요하다

　가을이 되면 대부분 사람은 센티멘털해진다. 빨갛게 물든 나뭇잎을 보면서 갑자기 삶은 무엇인가를 생각한다. 아름다움이 인간을 철학적으로 변화시킨다. 아름다움은 '앎'에서부터 시작됐다. 그 아름다움이 모여 있는 가을 골프장은 그래서 더욱 사색적이고, 철학적이다. 가을이 되면 왜 우리 인간에게 가슴 한편에 뚝뚝 묻어나는 허전함이 생길까.

　영국을 비롯해 유럽에서는 '갭이어(Gap Year)'를 즐긴다. 학업과 직장을 잠시 중단하거나 병행하면서 여행, 봉사, 창업, 진로탐색, 공부를 한다. 삶에 쉼표를 주고 나를 돌아보는 시간이다. 인간이 동물과 다른 것은 바로 깨우치고 고치려 하는 노력일 것이다. 꽉 찼던 여름이 지나고 가을이 되면 자연은 발갛게 자신의 존재를 확인시키고 비울 줄 안다. 그러나 우리 인간은 자연처럼 겸허하지 못해서 철학적 깨달음을 통해 변화하려 한다.

깊어 가는 가을에 우리 골퍼들도 갭이어의 시간을 가져보자. 자기 자신을 가장 잘 아는 운동이면서도 가장 모르는 운동이 골프다. 남들은 다 아는 속이는 스코어, 알까기 정작 본인만 모른다. 다 알지만 당황해 할 까봐서 말하지 않는 것이 골퍼의 에티켓처럼 되었다.

프로 골퍼였던 보비 존스는 "스코어를 속이지 않는 나를 칭찬하는 것은 은행 강도를 하지 않았다고 칭찬하는 것과 같다"고 말했다. 그렇다. 골프를 하면서 수많은 룰을 어기고 스코어를 속여 봤을 것이다. 이 세상에 룰과 스코어를 속이지 않았다고 자신 있게 말할 골퍼는 단 한 명도 없을 것이다. 단, 어느 정도의 차이냐의 문제일 것이다. 상습적으로, 뻔뻔하게 룰과 스코어를 속이게 되면 동행한 골퍼들은 불편해진다. 불편함을 떠나 멀리하게 되고 본인만 모르는 공공연한 '불량골퍼'가 된다.

라운드 멤버를 짤 때 A가 오면 안 간다, A가 내 팀이면 더 안 간다. 불행하게도 A는 그 이유를 잘 모른다. 가장 잘 알 것 같지만 인간은 자신의 행동에 의도적 합리성을 부여하기 때문에 이유를 모를 수 있다. 결코 남만의 일이 아니고 나의 일일 수도 있다.

라운드하지 않는 날, 골프를 자주 하는 지인들과 함께 갭이어의 시간을 가져보자. 골프를 하면서 내가 고쳐야 할 점은 무엇이고, 장점은 무엇인지에 대해 이야기해 보자. 골프만큼 잘못된 것을 지적해주지 못하는 운동도 없다. 알면서도 모른 척해야 하는 운동이다.

'알을 까거나' '스코어를 속이거나' '동전치기'를 해도 이를 지적하는 것은 예의에 어긋난다고 생각한다. 하지만 진정 사랑한다면 그의 잘못된 불량골프를 알려주는 것이 맞다.

프랜시스 위멧의 말처럼 골프가 멋진 교훈을 주는 게임이 되려면 나의 골프에 대해 되돌아봐야 할 것이다.

김효주의 캐디백 속 뜯지 않은 김밥 두 줄

"김효주의 캐디백 속에 뜯지 않은 김밥 두 줄과 딸기 한 통이 그대로 담겨 있었다"

그냥 짠하다.

인간의 욕망은 어디까지이며, 그 욕망을 좇는 우리 인간의 기대치는 도대체 어디까지인가. 김효주는 2015년 미국여자프로골프(LPGA)투어 파운더스컵에서 첫 승을 거두며, 연속 대회 출전하게 된다. 계속된 대회 강행으로 피로가 겹쳐 체력이 고갈되었다. 그런 몸으로 스폰서가 주최하는 한국여자프로골프(KLPGA)투어 개막 대회에 무리하게 출전을 강행하다가 그만 병원 신세까지 져야 했다. 스폰서 대회에 출전하는 것은 소속프로의 예의이지만 체력이 바닥났는데도 뛰어야 하는 선수의 심정은 어땠을까. 물론 메인스폰서 측의 흥행을 위한 무리한 강행도 이해는 간다. 하지만 선수의 미래와 한국을 대표하는 한류골프스타라는 점에서는 너무도 아쉬움이 남는다.

한때 세계랭킹 1위에 오르면서 미국LPGA를 호령하던 신지애와 닮은꼴이다.

신지애는 일본과 미국, 유럽, 한국까지 3개 대륙을 날아다니면서 8개 대회 출전을 강행한 적이 있다. 결국 체력적 부담은 그를 슬럼프에 빠트렸고 다시 정상으로 올라오는 데는 많은 시간이 필요했다. 골프황제 타이거 우즈도 1년에 20개 대회 정도만 출전한다. 보통 5개 대회 정도 출전한 후에 1, 2주를 쉰다. 하지만 한국 선수들의 경우엔 감이 좋을 때 더 출전해야 한다는 강박관념이 있다.

자기관리에 소홀해 질 수 수밖에 없다. 부모님의 권유로, 스폰서와의 관계 때문에, 내 자신의 욕심으로 인해서 '오버 페이스'를 해 결국 사라진 스타들도 참 많다. 미국에서 활동하는 청야니가 극도의 슬럼프에 빠져 있는 것 역시 많은 전문가는 거리를 내기 위해 너무도 파워풀한 샷을 구사한 것과 무리한 스케줄 때문이라고 말한다.

우리 일반 골퍼들도 해외에서 매일 36홀씩 일주일 라운드 하고 온 것을 자랑할 때가 있다. 정말 자랑거리일까. 오래 골프를 하고 싶다면 무리하면 건강하게 골프 라운드 할 수 있는 시간은 단축된다. 골프는 전신운동이고 무리한다면 온몸에 걸쳐 다양하게 증세가 나타 난다.

김효주는 한국여자오픈 1라운드에서 "샷 도중에 눈이 감길 정도로 힘들었다"고 토로했다. 우리의 지나친 욕망이 그를 필드로 내몰

지는 않았나 하는 생각을 해본다. 우리의 지나친 기대치가 쉴 수 있는 시간조차 빼앗지 않았나를 생각해 본다.

도고익안(道高益安), 세고익위(勢高益危)란 말이 떠오른다. 도는 높을수록 더욱 편하지만, 권세는 높을수록 더욱 위태롭다는 뜻이다. 끝없이 욕망을 좇다가는 결국 위기를 맞게 될 것이다. 반면에 도는 아무리 좇아도 편안함을 만들어 준다고 한다. 삶의 궁극적 목적이 단지 욕망실현만은 아닐 것이다. 행복해지기 위해서 일을 한다. 이제 삶에 쉼표를 찍고 그루터기에 앉아서 맑은 공기도 마시고 예쁜 꽃구경도 하면서 함께 살아가는 사람들의 안부도 물어보며 살아야 할 것이다.

먹지 못한 김효주의 김밥 한 줄, 딸기 1통은 우리의 욕심이 그를 벼랑으로 내몰았음을 인정해야 한다.

물소리·바람소리·새소리… 골프장은 '엄마의 품속'

봄이 돌아왔다. 꽃과 나무들이 사람보다도 봄을 먼저 알고 있다. 봄기운을 참지 못하고 먼저 꽃망울을 터트리며 파란 잎을 밀어낸다. 봄기운 맞으면서 잔디밭을 밟는 발걸음이 한결 더 가볍게 느껴진다. 발바닥에 전해오는 잔디의 숨결이 한층 더 따듯해져 있음을 감지한다.

오랜만에 부부 라운드를 했다. 함께한 이봉원. 박미선 부부는 둘 다 바쁜 방송 스케줄로 늘 바쁘게 살고 있다. 한때 10개 프로그램 이상을 하면서 방송에만 빠져 바쁘게 살았던 박미선 씨가 말한다.

"지금은 프로그램 거의 내려놓고 요리 배우고 책도 보면서 가끔 골프도 치면서 살다 보니 또 다른 삶이 보이네요. 치열한 삶의 전쟁터에서 빠져나와서 보니 그동안 못 봤던 것들까지 보여요."

박미선 씨는 방송에서 모두가 좋아하는 긍정적이고 남을 배려하는 이미지로 인해 참 많은 프로그램에서 찾았다. 그런데 어느 때부터인가 방송이 독해지기 시작했다. 남의 사생활 까발리기, 상대방 강하게 디스 하기, 없는 일도 가끔 만들어 내야 하는 현실이 싫었던 것이다. 독한 프로그램부터 접기 시작했고 이후 방송 일을 조금씩 줄여 간 것이다. 대신 자연에 파묻혀 꽃도 보고 맑은 공기도 마시고 좋은 사람들과 맛있는 것을 먹으며 라운드를 할 수 있어 너무도 행복하다고.

인간이라면 일을 하지 않고 살 수는 없다. 하지만 일의 노예가 되는 것만큼 불행한 일은 없다. 우리가 그토록 골프장을 갈구하는 것도 결국 모태 본능이 있기 때문이다. 바쁜 일상과 과도한 스트레스는 자연을 그리워하는 법이다. 골프장에 오면 물소리, 바람 소리, 새소리 그 모든 자연의 소리를 들으면 고향으로, 엄마의 품속으로 돌아가는 느낌이다.

미국의 배우 겸 가수 에디 캔터는 "속도를 줄이고 인생을 느껴라. 너무 빨리 가다 보면 놓치는 것은 주위 풍경뿐만 아니다. 내가 어디로 왜 가는지도 모르게 된다"고 했다.

아무리 바쁜 것도 좋지만 사람답게, 그리고 가족, 친구, 이웃과 함께 공유할 수 있는 추억은 있어야 한다. 추억은 식물과 같아서 싱싱할 때 뿌리박지 못하면 죽기 마련이다.

아름다운 추억과 나를 찾아서 이 따뜻한 봄날 골프장에 나가 싱싱한 추억을 만드는 것은 어떨까.

좋은 사람들과 좋은 추억을 만드는 것만큼 더 좋은 결정은 없다. 세월은 그렇게 넉넉하게 기다려 주지 않는다. 다 지나간 뒤에야 우린 후회한다. 후회만큼 삶에 있어 결정적인 오류는 없으니까.

매혹, 골프라는

어느 MZ세대의 메일 한 통

월요일 아침 평소와 같은 출근과 좋아하는 케냐AA 커피콩을 갈아 핸드드립을 한다. 커피 마시는 것도 좋지만 콩을 갈고, 정성을 들여 핸드 드립 하는 과정을 더 좋아한다. 커피가 잘 나오는 날은 거품도 잘 올라오고, 향기도 짙으며, 쫄쫄쫄 내려지는 소리도 참 맑다.

머그잔에 담긴 커피 향은 아침을 위한 최고의 선물이며 내 영혼을 일으켜 세우는 안식과도 같다. 습관적으로 PC를 켜고 메일을 확인하다가 '이종현 국장님 골프 화제 제보하려 합니다'라는 내용에 시선이 멈췄다. 평상시 같으면 넘쳐나는 메일로 인해 그냥 지나칠 수도 있었지만 운 좋게도 그 메일을 클릭했다.

"저희는 30대 부부(남편 이승환, 부인 이낙규)입니다, 어제가 저희 결혼기념일인데 함께 라운드 하다가 부부가 동시에 샷이글을 했습니다. 부부가 동시에 같은 골프장 같은 코스에서 그것도 결혼기념일 날 샷 이글은 특별하지 않나요. 캐디께서도 처음일 것이니 기사 제

275

보하라고 해서 이렇게 연락드립니다"

내용을 읽는 순간 '아! 이런 인연도 있구나' 싶었다. 인터뷰를 위해 전화를 걸었다. 밝고 맑은 목소리와 자신감이 넘쳐, 역시 30대 부부는 다르구나 생각했다. 그것도 결혼6주년이라고 해 그럼 30대 후반이겠다고 하자 30대 초반이라고 해 또 한 번 놀라웠다. 유학중에 만나 귀국해 20대 중후반에 결혼을 했고 골프는 가족이 적극 추천했다는 것이다. 처음엔 골프가 어렵고 포기할까 싶기도 했지만 그 과정을 겪고 나니 지금은 남편과 주말 8회를 모두 골프장에서 보낼만큼 마니아가 됐다고 한다. 덧붙여 함께 '샷 이글'을 했으니 절대 자신들은 헤어지지 않게 하는 불문율이 될 것이라고 믿고 있었다.

골프는 이렇게 예상치 못한 결과를 통해서 강한 신뢰와 믿음을 준다. 진명출판사 안광용 회장은 20대 후반, 난치병인 만성 활동성 간염 판정을 받았다. 이렇게 죽을 바에는 실컷 골프나 치고 죽자며 매일 골프를 쳤다. 1년 후 기적같이 불치병이 사라졌다. 암환자가 '홀인원'을 하고 살수 있다는 희망을 갖는 것처럼 골프는 가끔은 신적 존재와도 맞닿아 있기도 하다.

그동안 많은 기성 골퍼들은 지금의 2030 MZ세대들에 대해 부정적 시각이 강했다. 골프 에티켓과 룰 위반이 걱정된다고도 했다. 하지만 이 부부를 통해서 전혀 걱정하지 않아도 된다는 것을 알았다. 부모로부터 골프를 배웠고 자연의 소중함도 골프장서 배우고 있으며 함께하는 동반자들도 새롭게 깨닫고 있다는 것이다. 예의바름까지 갖추고 있었다.

'요즘 애들은 버릇이 없다.'는 말을 우리 기존 세대들은 많이 쓴다. 하지만 이미 4,000년 전 고대 바빌로니아 점토판 문자에도 이 말이 써있다. 조선시대에도 '젊은이'에 대한 걱정이 사회문제로 등장하기도 했다. 세월이 흐르면 신세대가 구세대가 되고 또 지금의 신세대가 구세대가 된다. 일종의 고정관념이다. 지금의 기존 골퍼들도 이미 20년 전에는 그 이전의 골퍼들에게 '골프 에티켓과 룰'에 대해 참 많은 걱정을 안겼을 것이다.

이 부부의 메일과 인터뷰를 통해 기성과 신세대 간의 간극은 우리의 마음속에서만 존재할 뿐 시간과 과정을 통해서 모범적 골퍼로 자리잡아가는 것임을 깨달았다.

서른 전에는 두려워하지 말고, 서른 후에는 후회하지 말라는 말이 있다. 골프 역시 마찬가지 인 듯싶다. 필드에 나가서 두려워하면 원하는 플레이가 나오지 않으며 후회하는 플레이를 하면 되돌아보게 되는 것이다.

유대인들은 특별한 시간 법을 가지고 있다. 하루의 시작을 해가 지면서부터 그리고 하루의 끝은 다음날 해가 질 때이다. 일반적인 해가 떠서 해가 질 때가 하루가 아닌 이유는 '항상 인생은 어두운 부분으로 시작되고 점점 밝아 진다'는 이유에서이다.

이낙규, 이승환 이 30대 초반의 부부를 통해서 우리가 걱정하는 것들과 골프의 미래는 점점 밝아지고 있음을 깨닫게 됐다.